KNUSPRIG, ZART & SAFTIG

Perfekte Ergebnisse aus dem Backofen mit **VarioSteam**®

In Zusammenarbeit mit dem Neff-Team

AT Verlag

135 JAHRE
KOCHEN
MIT GUTEN IDEEN.

1877 gründete Carl Neff in der kleinen deutschen Stadt Bretten mit nur sechs Gesellen eine Herd- und Ofenfabrik. Schon damals hatte er seine erste große Idee: In der Küche steht der Mensch im Mittelpunkt, nicht das Gerät. Denn was wäre der perfekteste Herd ohne seinen Koch? Mit dieser Überzeugung produzieren wir seit 135 Jahren Qualität aus Deutschland. Und auch heute ist für uns Technik erst dann perfekt, wenn sie den Koch in seiner Leidenschaft unterstützt. Es sind die Menschen, für die wir immer nach neuen Innovationen suchen. Für sie bauen wir unsere Geräte. Damals wie heute.

Carl Neff hat die Welt der Küchen revolutioniert: vom ersten Standherd mit Ober- und Unterhitze über den ersten Induktionsherd bis hin zur einzigen voll versenkbaren Backofentür Slide&Hide®.

Erleben Sie jetzt die Neff Küchengeschichte auf http://www.neff.de/135-jahre-neff.html

INHALT

DREAMTEAM
DER KREATIVEN KÜCHE:
CHRISTINA RICHON
UND VARIOSTEAM®

Kreativ, aber nicht kompliziert

Christina Richon ist Köchin, Bäckerin und Kochbuch-Autorin, dazu Hausfrau und Mutter von drei Söhnen. Bereits mit zwölf Jahren entwirft sie eigene Rezepte. Die leidenschaftliche Autodidaktin hat mittlerweile zahlreiche Koch- und Backwettbewerbe gewonnen. 2002 wird sie beste Hobbybäckerin Deutschlands bei »Kaffee oder Tee« (SWR), 2005 erhält sie im Rahmen des ZEIT-Wettbewerbs (Wolfram Siebeck) den Titel »Beste Hobbyköchin Deutschlands«. Zur gleichen Zeit erklimmt sie den »Koch-Olymp« der ARD. Christina Richon schreibt regelmäßig Kochbücher und ist als Rezeptautorin für Spitzenköche, Foodmagazine, Unternehmen und Verlage tätig.

Seit Anfang 2011 arbeitet die Wahl-Schweizerin mit VarioSteam® von Neff. Ihr Fazit: »Noch nie war es so einfach, entspannt zu kochen und dabei perfekte Mahlzeiten zu zaubern!« Mit fantasievollen, abwechslungsreichen Rezepten für jedermanns Geschmack und speziell für den VarioSteam®-Backofen, die viel hermachen, aber trotzdem ganz locker zuzubereiten sind und garantiert gelingen. Voilà!

ES BEGANN MIT DER
IDEE...

...das Kochen zu Hause noch entspannter, schöner und erfolgreicher zu machen. Am besten so sicher und perfekt wie in einem guten Restaurant. Zu diesem Zweck entwickelten die Neff-Ingenieure eine Technologie, die den Back- und Garprozess spürbar optimiert: VarioSteam®.

Während des Garens im Backofen wird mit VarioSteam® in unterschiedlichen Abständen und Intensitäten Feuchtigkeit zugegeben. Wie viel genau, ist flexibel wählbar und hängt von den Anforderungen des Gerichts und vom natürlichen Wassergehalt der Zutaten ab.

ES ENDETE MIT
PERFEKTEN
ERGEBNISSEN.

Die Resultate überraschen selbst Profis: Die Speisen erhalten neben einer knusprigen Kruste auch eine schöne, glänzende Oberfläche und werden dabei innen saftig und zart. Das klappt vom Brot bis zum Braten und von der Tarte bis zum Timbale. Ob süß oder pikant, fein oder rustikal, exotisch oder bodenständig: Mit der Extraportion Feuchtigkeit gelingt und schmeckt alles noch ein bisschen besser.

Wie funktioniert das genau?

Was möglich ist und welche Aha-Erlebnisse auf alle warten, die oft und mit Leidenschaft kochen, soll dieses Kochbuch zeigen. Doch ein Kochbuch braucht Rezeptideen. Und die brauchen einen kreativen Kopf. In unserem Fall die Kochbuchautorin Christina Richon. Die gebürtige Badenerin entwickelte mit viel Kreativität spannende Rezepte für dieses Kochbuch. Von »schnell und einfach« bis zu »garantiert eindrucksvoll«. Alle Gerichte bestehen aus frischen, wertvollen Zutaten, sind leicht nachzukochen und bestens geeignet, um die Talente des Kochs oder der Köchin ins rechte Licht zu setzen.

VON MADRID BIS MELBOURNE: VARIOSTEAM® IST INTERNATIONAL

Leidenschaft am Herd kennt keine Grenzen. Auch Genuss lässt sich nicht auf eine Landesküche reduzieren. Und auch der Wunsch nach perfekten Ergebnissen ist auf jeden Fall weltumspannend. Doch: andere Länder, andere Sitten. Oder etwa nicht? Kann der Neff-Backofen mit VarioSteam® auch anderswo in Europa punkten, womöglich sogar auf anderen Kontinenten?

Perfektion verbindet

Um das herauszufinden, hat sich Neff Deutschland bei den internationalen Kollegen weltweit umgehört und sie um ihre Erfahrungen gebeten. Das Ergebnis: begeistertes Feedback von Köchen, Trainern und Rezeptentwicklern. Und mehr als das: In Kochschulen und Trainingszentren haben die Profis mit VarioSteam® und viel Kreativität ihre landestypische Kochkultur neu interpretiert. Denn was verbindet ein mit Wodka geschmortes Spanferkel, gefüllten Spekulatius aus Amsterdam und ein australisches Zitronenlamm? Genau – sie gelingen ausnahmslos perfekt im Backofen mit VarioSteam®. Und schmecken so, dass man sie am liebsten sieben Tage die Woche kochen (und genießen) würde.

VarioSteam®? Olé!

Diego Ferrer, 38, in Spanien prominenter TV-Koch, Küchenchef und Gastronomieberater. Wenn er nicht in eigener Sache kocht, vermittelt er im Madrider Trainingszentrum NeffPoint die Vorzüge der Neff-Geräte. Er liebt die gehobene spanische Küche, die er immer wieder um innovative Rezepte bereichert. Seine zart schmelzende Hähnchenpastete mit Pistazien und Trüffeln muss man einfach probiert haben (Seite 22/23). Klar, dass er den Backofen mit VarioSteam® nicht mehr missen möchte. Schließlich »löst nichts so viel Begeisterung aus wie Perfektion, die auf der Zunge zergeht«!

VarioSteam® around the world

Also ist die VarioSteam®-Technologie international? – Ja, und den Beweis treten wir hiermit an: Köche und Trainer aus zehn verschiedenen Ländern haben ihre VarioSteam®-Lieblingsrezepte für dieses Kochbuch beigesteuert. Herausgekommen ist eine kleine Weltreise für kulinarische Kosmopoliten. Aus Metropolen wie Athen und Moskau, Madrid und Melbourne kommen Rezepte, die es so noch nicht gab: innovativ, traditionsbewusst, frisch und detailverliebt. Und alle sind mit VarioSteam® so leicht zur Perfektion zu bringen, dass Ihre nächsten Gäste garantiert staunen werden. Die Vielfalt der Rezepte zeigt zudem: VarioSteam® kennt nicht nur keine geografischen Grenzen, er lässt sich auch sonst in kein Raster zwängen. Ob süß oder pikant, Backwerk oder Gemüse, Braten oder Pizza – die variable Feuchtigkeitszugabe erweist sich als flexibler, aber immer zuverlässiger Partner.

Viele Rezepte – ein Prinzip

So hat Silvie Weber aus Frankreich neben einem Rinderfilet de luxe auch ein Rezept für die klassische Brioche beigesteuert, die sich bei etwas mehr Feuchtigkeit völlig neu entfalten darf. Die mit Artischocke belegte Vollkornpizza des griechischen Neff-Teams schmeckt dagegen so spannend, wie sie klingt – und köstlich dazu. Very british geben sich Lynn Williams' pikante Muffins mit Blauschimmelkäse. Die lassen sich auch mal als Fingerfood-Vorspeise servieren. Zum Beispiel gefolgt von Hélène Matzes niederländischem Hasenpfeffer oder Diego Ferrers spanischer Milchlammschulter. Kamyshow Vladimir, kreativer Neff-Koch aus Russland, schickt an dieser Stelle natürlich seine fruchtigen Putenrouladen ins Rennen. Und die wiederum müssen sich mit einem Lammbraten messen, wie ihn die Australierin Lyn Harwood am liebsten genießt: à point gegart und mit Zitrone und Knoblauch raffiniert gewürzt.

Und wie sieht der süße Gaumenstreichler zum Abschluss des perfekten Globetrotter-Menüs aus? Da bietet sich zum Beispiel der Marzipan-Obstkuchen der österreichischen Kollegin Silvia Jarosch an. Oder auch ein Schälchen »gesteamte« Panna Cotta nach dem Rezept von Anna Pagliero, die im Piemont eine Kochschule leitet. Mit einem Wort: Ein bunter Strauß unterschiedlicher Geschmackserlebnisse wartet darauf, entdeckt zu werden. Zeit, die Bühne freizugeben – für VarioSteam®!

Belgische Genusskultur oder »Trois filles am Herd«

Marie-Sophie, Line und Pascale sind »Les filles«. In ihrem Brüsseler Koch-Atelier verwöhnen sie eine Handvoll Gäste am »table d'hôtes« mit ausgewählten »plaisirs culinaires« – zum Beispiel dem Kalbsbraten mit Kräuterkartoffeln (Seite 25). Das Trio setzt auf hochwertige, frische Lebensmittel aus nachhaltigem, möglichst regionalem und saisonalem Anbau. In ihren Kochkursen spielt der Backofen mit VarioSteam® inzwischen eine große Rolle. Und warum? »Weil er eine Liebeserklärung an Frische, Qualität und Geschmack der Lebensmittel ist.« Genau: Vive l'amour!

BACKEN UND BRATEN
MIT DEM PLUS
AN FEUCHTIGKEIT:

Mal angenommen, es soll einen richtigen Festtagsbraten geben. Wie soll der aus dem Ofen kommen? So zart, dass er auf der Zunge zergeht? Dabei saftig und aromatisch? Oder mit einer knusprigen Haut, die genauso köstlich ist, wie sie aussieht? – Bisher musste man sich oft entscheiden: außen knusprig – innen leicht trocken. Oder innen saftig und außen nur sanft gebräunt. Das ist Vergangenheit, denn mit VarioSteam® geht beides.

DAS PRINZIP
»DAMPFUNTERSTÜTZUNG«

Natürliche Feuchtigkeit + Dampfunterstützung = perfekte Ergebnisse

Im Grunde ist es ganz einfach: Lebensmittel wie Obst, Gemüse, Getreide, Fleisch oder Fisch haben einen unterschiedlich hohen Gehalt an Wasser. In der heißen Ofenluft kann sich dieser Unterschied negativ auf das Ergebnis auswirken – beim Neff-Backofen mit VarioSteam® lässt er sich dagegen optimal ausgleichen. Denn in den Betriebsarten Heißluft (CircoTherm®), Ober-/Unterhitze, Pizzastufe, Brotbackstufe und Thermogrillen ist hier eine Feuchtigkeitszugabe in drei verschiedenen Intensitäten manuell wählbar. Bei vielen Gerichten kann man sich alternativ auch auf die integrierte Programmautomatik verlassen – und sich schon mal aufs Ergebnis freuen.

Vom Kocherlebnis zum Erfolgserlebnis

Fleisch, Fischgerichte, Brot, aber auch Aufläufe und Süßspeisen bekommen auf diese Weise eine knusprige, gebräunte Oberfläche, bleiben innen aber saftig und zart. Anders herum ausgedrückt: Trockenes Fleisch, »sitzengebliebene« Kuchen und halbweiche Krusten sind damit endgültig passé. Gerade Backwaren gehen herrlich auf, bekommen eine weiche, saftige Krume und obendrein eine knackige, glänzende Kruste. Kräftige Farben sorgen für extra viel Appetitlichkeit. Auch dem Geschmack kommt das zusätzliche Quantum Feuchtigkeit zugute: In der feucht-heißen Luft können sich die Aromen nämlich optimal entfalten – Gewürze und Kräuter verbinden sich miteinander und mit dem Gargut: So ist der Erfolg vorprogrammiert und das Essen wird zum wahren Geschmackserlebnis.

Individuell, aber immer perfekt

Christina Richon hält den Backofen mit VarioSteam® für ein wahres »Multifunktionswunder«. Und tatsächlich: Beim Backen, Braten und Garen – von Hauptgang bis Dessert – sind die Anwendungsmöglichkeiten schier unbegrenzt. Und dabei bleibt viel Raum für Kreativität. Denn ob lockere Krume oder kerniger Biss, saftig-weich oder knackigkross, gute Bräunung oder zarte Tönung – das entscheidet jetzt nur noch einer: Sie! Mehr oder weniger Feuchtigkeit erforderlich? Kein Problem. Auch während des Garens lässt sich die Intensität im Nu ändern. Mehr kann ein Backofen den individuellen Vorlieben seines Besitzers kaum entgegenkommen. Das Ergebnis ist in jedem Fall so, wie Sie es sich wünschen.

GANZ SCHÖN ENTSPANNT!

Damit Kochen Spaß macht und gelingt, ist Entspannung wichtig. Dafür sorgt VarioSteam® – aus fünf Gründen:

Erstens: Vorfreude statt Stress

Weil gutes Gelingen vorprogrammiert ist, gilt beim Neff Backofen mit VarioSteam®: Während den Speisen kräftig eingeheizt wird, bekommt der Koch Gelegenheit zum Cooldown. Kaffeepause? Nickerchen? Oder kreative Beschäftigung mit dem Aperitif oder den Beilagen? Ganz egal, so lange es nur gut tut.

Zweitens: Ausprobieren erwünscht!

So manches Wunderwerk der Technik muss erst mühsam erobert werden, bevor es nützlich ist – nicht so VarioSteam®. Mit welcher Feuchtigkeitszugabe man ideale Ergebnisse bekommt, lässt sich Stück für Stück ausprobieren. Einfach ganz entspannt dem Bauchgefühl folgen – so machen es gute Köche ja ohnehin.

Drittens: Automatisch richtig

Mit VarioSteam® kochen – das geht so: Unter den drei Feuchtigkeitsstufen »Gering«, »Mittel« oder »Hoch« die passende auswählen und gegebenenfalls per Knopfdruck variieren. In besonderen Fällen, zum Beispiel, wenn die Gäste schon da sind, übernehmen die integrierten Automatikprogramme das Braten, Backen oder Garen ganz allein – inklusive Feuchtigkeitszugabe.

Viertens: Hygiene und Komfort

Beim Backofen mit VarioSteam® gelangt Frischwasser in Form von Dampf in den Backofen. Wenn das Gericht fertig ist, wird das Restwasser automatisch in den Wassertank zurückgepumpt. Dadurch bleibt kein altes Wasser in den Leitungen zurück – es ist immer hygienisch frisch.

Fünftens: Beste Reste

Beim Kochen und Genießen mit VarioSteam® sind Reste kein Ärgernis, sondern fast schon ein Glücksfall. Denn die Regenerierstufe mit Dampfunterstützung weckt am nächsten Tag sämtliche Aromen wieder auf und vitalisiert die Gerichte auch optisch – das hat etwas von einem Spaziergang im warmen Sommerregen. So schmeckt der Auflauf wie gerade zubereitet, und das Brot vom Vortag duftet wie frisch vom Bäcker. Ganz ohne Aufwand.

AUSSEN HUI,
INNEN LECKER:
GEDICHTE
AUS FLEISCH

LACKIERTE ENTEN-BRUST MIT PFIRSICH-KRÄUTERSALAT

Ein Rezept von Christina Richon
Für 6 Personen (als Vorspeise)

100 ml Pfirsichlikör
1 EL Sojasoße, 2 EL Honig
1 Entenbrustfilet (ca. 370 g)
Szechuanpfeffer, schwarzer Pfeffer aus der Mühle
Kräutersalz
200 g Wildkräutersalat oder gemischte Blattsalate

Salatsauce:
1 EL fein geschnittene Pfefferminzblätter
1 EL fein geschnittener Schnittlauch
2 EL fein geschnittene Blattpetersilie
1 EL fein geschnittenes Koriandergrün
1 EL fein geschnittenes Thai-Basilikum
2 reife, in Scheiben geschnittene Pfirsiche
2 EL Erdnussöl oder anderes neutrales Öl
2 EL Limettensaft
Kräutersalz
2 EL gehackte, geröstete Macadamianüsse

Den Likör in einem kleinen Topf erhitzen und auf die Hälfte einreduzieren lassen. Mit der Sojasauce und dem Honig mischen. Die Fettseite der Entenbrust kreuzweise einschneiden und diese Seite mit der Likörmischung einstreichen. 1 Stunde trocknen lassen, von Neuem bestreichen, wieder 1 Stunde ruhen lassen und den Vorgang nochmals wiederholen. Dies kann auch am Vorabend gemacht werden, so mariniert das Entenbrustfilet über Nacht im Kühlschrank. Die Entenbrust auf beiden Seiten mit den zwei Pfeffersorten würzen.

Den Backofen auf **200 °C CircoTherm®-Heißluft** mit dem zweiteiligen Bratenblech auf einer Universalpfanne vorheizen **(Einschubhöhe 1)**. Darauf das Entenbrustfilet mit der Fettseite nach oben legen, wenn die Temperatur erreicht ist. **10 Minuten mit hoher Dampfintensität** garen. Das Filet wenden und nochmals **10 Minuten ohne Dampf** braten. Das Filet wieder wenden. Den **großen Grill auf 250 °C** einstellen. Das Entenbrustfilet auf Einschubhöhe 3 kurz gratinieren lassen, bis die Haut kross ist. Achtung: Der Bräunungsvorgang geht sehr schnell! Sofort aus dem Backofen nehmen. Mit etwas Kräutersalz würzen und kurz ruhen lassen, dann in schmale Scheiben schneiden.

Den Salat mit den Kräutern und Pfirsichscheiben mischen und auf kleine Schüsselchen oder Teller anrichten. Mit dem Öl, dem Limettensaft und dem Kräutersalz die Salatsauce zubereiten, mit der restlichen Likörmischung abschmecken und über den Salat geben. Die warmen Entenbrustscheiben darüberlegen und mit den gerösteten Macadamianüssen bestreuen.

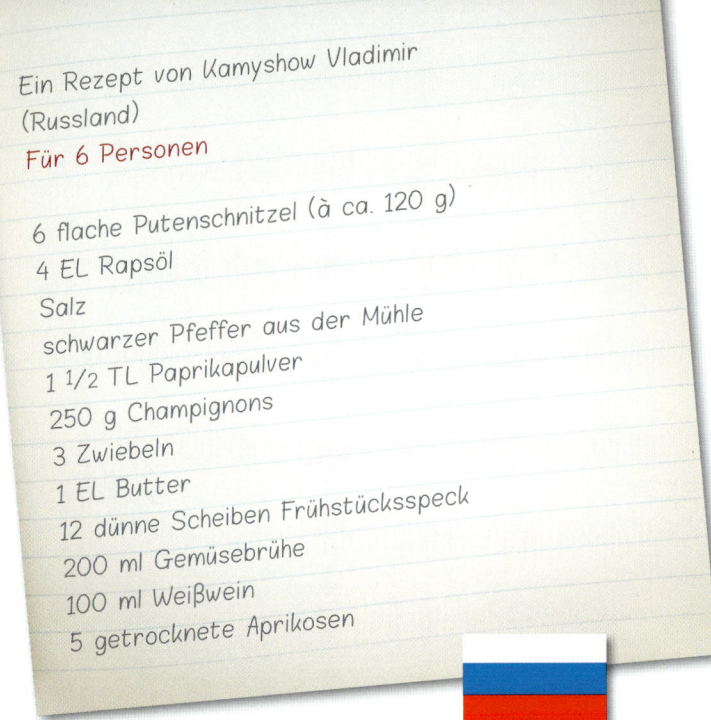

Ein Rezept von Kamyshow Vladimir
(Russland)

Für 6 Personen

6 flache Putenschnitzel (à ca. 120 g)
4 EL Rapsöl
Salz
schwarzer Pfeffer aus der Mühle
1 1/2 TL Paprikapulver
250 g Champignons
3 Zwiebeln
1 EL Butter
12 dünne Scheiben Frühstücksspeck
200 ml Gemüsebrühe
100 ml Weißwein
5 getrocknete Aprikosen

FRUCHTIGE PUTEN-ROULADEN

Die Putenschnitzel bei Bedarf noch etwas flach drücken, dafür die Schnitzel zwischen zwei Bögen Backpapier legen und mit einem Fleischklopfer oder schweren Topf flach drücken. Die Schnitzel mit Öl einpinseln, salzen, pfeffern und mit Paprikapulver bestreuen.

Die Champignons reinigen, die Zwiebeln schälen und beide Zutaten fein würfeln. 1 EL Öl mit der Butter in einer Pfanne heiß werden lassen und die Champignons mit 1/3 der Zwiebelwürfel anbraten. Abkühlen lassen.

Den Frühstücksspeck klein schneiden und auf die Putenschnitzel legen, die Pilzmasse darauf verteilen. Die Rouladen zusammenrollen und jeweils mit einem Zahnstocher oder Küchengarn befestigen. Die restlichen Zwiebelwürfel mit 2 EL Öl auf der Universalpfanne verteilen und die Rouladen daraufsetzen.

Die Rouladen bei **CircoTherm® Heißluft 160 °C, Einschubhöhe 1, mit geringer Dampfintensität**, 15 Minuten garen. In der Zwischenzeit in einem Topf die Gemüsebrühe mit dem Wein und 1 TL Paprikapulver aufkochen. Die Aprikosen würfeln, zur Brühe geben und mit wenig Salz und Pfeffer würzen. Die Rouladen mit dieser Sauce ablöschen. Weitere 15–20 Minuten garen lassen.

Die Rouladen aus dem Ofen nehmen, das Küchengarn bzw. die Zahnstocher entfernen und mit der fruchtigen Sauce servieren.

Tipp: Wer die Rouladen noch fruchtiger mag, kann jeweils eine getrocknete, entsteinte Pflaume oder Aprikose in die Roulade mit einrollen.

PUTEN-GARNELEN-RÖLLCHEN

Ein Rezept von Christina Richon
Für 6 Personen

6 flache Putenschnitzel (à ca. 100 g)
1 Bio-Limette
5 EL Erdnussöl
2 EL gelbe Thai-Curry-Paste
Salz
12 große Thai-Basilikum-Blätter
(oder normales Basilikum)
6 geschälte rohe Riesengarnelen
2 Schalotten
1 junge Knoblauchzehe
1 großer säuerlicher Apfel
500 ml Kokosmilch
2 EL Noilly Prat (Wermut) oder trockener Sherry
1 Prise Zucker

Dekoration:
einige Blättchen Koriandergrün
2 EL gehackte Erdnüsse

Die Putenschnitzel bei Bedarf noch etwas flach drücken, dafür die Schnitzel zwischen zwei Bögen Backpapier legen und mit einem Fleischklopfer oder schweren Topf flach drücken. Die Limette heiß waschen, abtrocknen und die Schale fein abreiben, den Saft auspressen. 3 EL Öl und 1 EL Thai-Paste mit dem Limettenabrieb mischen und die Schnitzel damit bestreichen, salzen und mit je 2 Basilikumblättern belegen. Die Riesengarnelen jeweils an ein Fleischende legen und zu Rouladen aufrollen. Mit einem Zahnstocher feststecken. Die Röllchen mit der übrigen Curry-Öl-Paste bestreichen.

Die Schalotten und die Knoblauchzehe schälen und fein hacken. Den Apfel ebenfalls schälen und in kleine Würfel schneiden. Diese Zutaten mit 2 EL Öl und ca. 1 EL Curry-Paste vermengen, auf ein Backblech geben und auf Einschubhöhe 2 in den Ofen schieben. Die Funktion **Thermogrillen 200 °C** einstellen. Wenn die Temperatur erreicht ist, die gehackten Zutaten 5 Minuten rösten.

Die Fleischröllchen auf die Schalotten-Apfel-Mischung setzen, mit Kokosmilch, Noilly Prat und 1 EL Limettensaft aufgießen. Die Temperatur auf **120 °C** herunterschalten und noch ca. 15 Minuten mit **mittlerer Dampfintensität** garen. Die Sauce mit etwas Salz und einer Prise Zucker abschmecken. Mit einigen Korianderblättern und Thai-Basilikum dekorieren und mit Erdnüssen bestreuen.

Tipp: Basmatireis passt wunderbar dazu.

BLICK IN DIE KÜCHE:

Perfekt gewickelt ...

... und mit einem Zahnstocher fixiert.

Ein Rezept von Christina Richon
Für 6 Personen

6 Hähnchenbrustfilets (à ca. 120 g)

Marinade:
2 EL Olivenöl, 3 EL mittelscharfer Senf
2 kleine Knoblauchzehen, 4 EL Zitronensaft
2 Bio-Zitronen, Schalenabrieb
2 EL Honig, ca. 2 TL Kräutersalz
schwarzer Pfeffer aus der Mühle

Gemüse:
300 g Sommergemüse (z. B. Paprika,
Zucchini, Aubergine)
100 g Kirschtomaten, 300 g Mini-Kartoffeln
3 Frühlingszwiebeln, 1 fein gehackte Knoblauchzehe
3 EL gemischte Kräuter (z. B. Blattpetersilie,
Pfefferminze, Oregano, Thymian)
3 EL Olivenöl, 1 EL Balsamico-Essig
ca. 1/2 TL grobes Meersalz

Sauce:
1 fein geschnittene Schalotte, 1 EL Olivenöl
100 ml Gemüsebrühe
50 ml Sauternes oder einen anderen lieblichen
Weißwein, 150 ml Sahne
restliche Zitronen-Senf-Marinade

ZITRONEN-HÄHNCHENFILETS
AUF MEDITERRANEM GEMÜSE

Den Backofen auf **CircoTherm®-Heißluft 200 °** einstellen.

Für die Marinade alle Zutaten vermengen und die Hähnchenbrustfilets damit bestreichen. Das Gemüse waschen, putzen und in kleine Stücke schneiden. Die Kirschtomaten halbieren. Die Mini-Kartoffeln waschen und mit Schale vierteln. Die Kartoffelstücke müssen wirklich klein sein, sonst sind sie am Ende der Garzeit nicht weich. Das Grün der Frühlingszwiebeln klein schneiden und die Zwiebeln vierteln bzw. achteln. Alle Gemüsezutaten in eine Schüssel geben und mit der fein gehackten Knoblauchzehe, den Kräutern, dem Olivenöl, Balsamico-Essig und Salz mischen.

Das Gemüse auf ein mit Backpapier ausgelegtes Backblech legen. Die marinierten Hähnchenbrustfilets auf das Gemüse legen. Auf **Einschubhöhe 1, Dampfintensität mittel, ca. 30 Minuten** garen. Falls die Filets sehr dick sind, das Fleisch im ausgeschalteten Backofen noch etwas nachgaren lassen.

In der Zwischenzeit die Sauce zubereiten. Die Schalotte im Öl anschwitzen, mit der Gemüsebrühe und dem Wein ablöschen. Die Sahne und die restliche Zitronen-Senf-Marinade dazugeben und etwas einkochen lassen. Mit einem Pürierstab die Sauce aufmixen. Mit schwarzem Pfeffer, Kräutersalz und evtl. etwas Zitronenabrieb abschmecken.

Das Fleisch mit wenig Kräutersalz würzen und in Scheiben schneiden und zusammen mit dem Gemüse und der Sauce servieren.

TIPP AUS DER KÜCHE:

Das Gemüse kann je nach Saison variiert werden.

HÄHNCHENPASTETE
MIT PISTAZIEN UND TRÜFFELN

Ein Rezept von Diego Ferrer (Spanien)
Für 6 Personen

500 g Hähnchenbrust aus Freilandhaltung
250 g Putenbrustschinken, nicht geräuchert
25 g schwarze Trüffel
20 g geschälte Pistazien
2 frische Eier aus Freilandhaltung (Größe L)
5 ml Cognac
5 g feinkörniges Salz
etwas bunter Pfeffer
400 g dünne geräucherte Bauchspeckscheiben

Die Hähnchenbrust gleich beim Metzger klein hacken lassen oder in einem Cutter fein zerkleinern. Den Putenbrustschinken klein schneiden und unter die Hähnchenbrustmasse mischen.

Die Trüffel klein schneiden, die Pistazien grob hacken und beides ebenfalls untermengen. Nun die Eier, Cognac, Salz und bunten Pfeffer dazugeben und rühren, bis eine homogene Masse entsteht.

Eine Kastenform mit den Bauchspeckscheiben auslegen. Die Scheiben müssen sich sauber überlappen und am Rand der Form zur Hälfte überstehen. Die Hähnchenfarce einfüllen, die überstehenden Speckscheiben zurückklappen und an den Seiten fest einschlagen, dazu die Speckenden mit einem Löffel zwischen Form und Füllmasse schieben.

Bei **160 °C CircoTherm® Heißluft, auf Einschubhöhe 1, mit mittlerer Dampfintensität, etwa 45 Minuten** garen. Die Pastete aus dem Ofen nehmen, ruhen und abkühlen lassen. Dann erst aus der Form nehmen und aufschneiden. Sie schmeckt kalt oder warm mit Apfelmus, Geflügel-Jus oder Salat.

SO WIRD'S EIN GENUSS:

Die Hähnchenfarce sorgfältig mit einem nassen Spatel glatt streichen.

Die Pastete mit den überlappenden Speckscheiben verschließen.

MAROKKANISCHE HÄHNCHEN-DRUMSTICKS

Für die Gewürzmarinade die Schalotte und die Knoblauchzehen schälen und fein hacken. Die Chilischote waschen, putzen, längs aufschlitzen, entkernen und klein schneiden. Die Zitrone heiß waschen, abtrocknen und die Schale fein abreiben, den Saft auspressen. Diese Zutaten zusammen mit den restlichen Marinadezutaten mischen. Die Drumsticks mind. 2 Stunden darin marinieren lassen.

Für die Kartoffelstäbchen die Kartoffeln schälen, in kleine Stäbchen schneiden und auf ein mit Backpapier ausgelegtes Backblech legen. Mit Olivenöl beträufeln und salzen. Das Blech auf Einschubhöhe 1 in den Ofen schieben.

Die marinierten Drumsticks in die Universalpfanne geben und bei **Thermogrill 200 °C, Einschubhöhe 3, Dampfintensität mittel, etwa 25–30 Minuten** zusammen mit den Kartoffelstäbchen garen.

Mit Limettenscheiben dekorieren.

Ein Rezept von Christina Richon
Für 6 Personen

12 Hähnchenunterschenkel (Drumsticks)

Gewürzmarinade:
1 Schalotte, 1–2 Knoblauchzehen
1 frische rote Chilischote, 1 Bio-Zitrone
2 EL fein geschnittenes Koriandergrün
1 EL fein geschnittene Pfefferminzblätter
1 TL gemahlener Kreuzkümmel, 1 TL Paprikapulver
1 Döschen gemahlener Safran (0,1 g)
4 EL Olivenöl, 1–2 TL Rosenwasser
1 TL Zucker, Salz

Blaue Kartoffelstäbchen:
600 g blaue Kartoffeln, 4 EL Olivenöl, Salz

1 Limette zur Dekoration

Ein Rezept von »Les filles« (Belgien)
Für 6 Personen

800 g Kalbsbraten (Nuss oder Schaufel)
6 EL Olivenöl
800 g neue, kleine Kartoffeln (Drillinge)
je 2 Zweige Rosmarin und Thymian
4 rote und 4 weiße Zwiebeln, etwas Zucker
Fleur de sel, Salz, schwarzer Pfeffer aus der Mühle
2 EL Tomaten- oder Feigenkonfitüre
1 EL Charroux-Senf (grobkörniger Senf)
50 ml Sahne

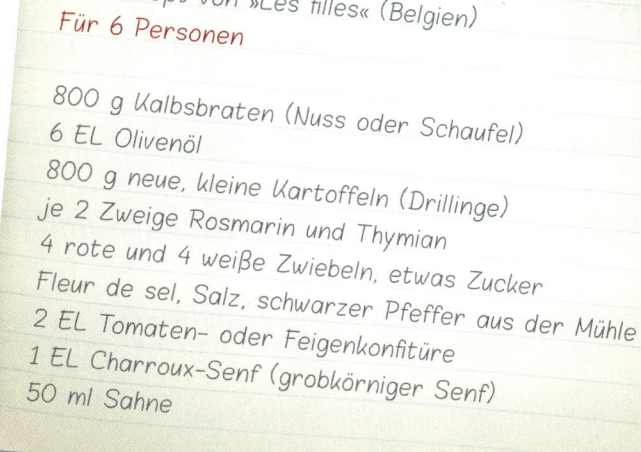

CORRÈZER
KALBSBRATEN MIT
KRÄUTERKARTOFFELN

Den Backofen auf **160 °C CircoTherm®** vorheizen. Den Kalbsbraten in 2 EL Olivenöl in einer Pfanne von allen Seiten gut anbraten und auf ein Backblech legen. Die gewaschenen Kartoffeln mit den Kräuterzweigen dazulegen. Die Zwiebeln schälen und in etwa 4 mm breite Ringe schneiden, auf die Kartoffeln legen und mit einigen Prisen Zucker bestreuen. Mit dem restlichen Olivenöl beträufeln und mit Fleur de Sel würzen.

Auf **Einschubhöhe 1, mit mittlerer Dampfintensität, etwa 40 Minuten** garen. Das Fleisch aus dem Ofen nehmen, mit Salz und Pfeffer würzen und in Alufolie einwickeln, 10 Minuten ruhen lassen. Die Kartoffeln mit den Zwiebeln auf eine Platte legen und im Backofen warm stellen. Den entstandenen Bratensaft zusammen mit der Konfitüre, dem Senf und der Sahne in einen Topf geben. Kurz erwärmen und abschmecken. Das Fleisch in Scheiben schneiden und mit der warmen Sauce übergießen.

Ein Rezept von Christina Richon
Für 6 Personen

2 Bio-Limetten
1/2 Bund Zitronenverbene (für Filet und Sauce)
1 großes Kalbsfilet (etwa 1 kg)
1 TL Szechuanpfeffer (am besten Tilfda-Pfeffer*)
schwarzer Pfeffer aus der Mühle
1 EL Butterschmalz

Verbenen-Sauce
1 fein gehackte Schalotte, 1 EL Butter
100 ml Geflügelbrühe
50 ml trockener Weißwein
400 ml Sahne
1 Bio-Limette
Kräutersalz, schwarzer Pfeffer aus der Mühle

* Tilfda-Pfeffer ist eine Szechuanpfeffer-Gattung mit Grape- und Passionsfruchtaroma

BLICK IN DIE KÜCHE:

Perfektes Aromagaren im Papiermantel.

Die verschiedenen Aromen können sich durch das sanfte Garen ideal verbinden.

KALBSFILET IM LIMETTEN-VERBENE-MANTEL

Einen Bogen Backpapier auf die Arbeitsfläche legen. 2 Limetten heiß waschen, trocknen und die Schale fein auf das Backpapier reiben. Die Zitronenverbene waschen, abtrocknen und etwa 15 Blättchen klein schneiden. Die zerkleinerten Blättchen mit dem gemörserten Szechuanpfeffer auf das Papier streuen.

Das Kalbsfilet parieren, d. h. Fett, Häute oder Sehnen entfernen, und mit schwarzem Pfeffer würzen. Im heißen Butterschmalz von allen Seiten insgesamt 4 Minuten anbraten. Aus der Pfanne nehmen und auf das vorbereitete Backpapier legen. Das Filet fest einrollen, dabei die Seiten zusammendrehen. Auf ein Backblech legen und in der **1. Einschubhöhe, CircoTherm® 90 °C, Dampfintensität hoch, 35 Minuten** garen. Das eingewickelte Filet herausnehmen, nun in Alufolie wickeln und etwa 10 Minuten ruhen lassen.

In der Zwischenzeit die Sauce zubereiten. Die Schalottenwürfel in der heißen Butter anbraten, mit der Brühe und dem Wein aufgießen, 2 Zweige Verbene dazugeben und auf etwa 3 EL reduzieren lassen. Die Saucenreduktion durch ein Sieb in einen zweiten Topf geben. Mit der Sahne aufkochen und bei geringer Hitze etwa 15 Minuten köcheln lassen, bis die Sauce leicht cremig wird. Die Sauce mit etwas Limettenabrieb, 1–2 TL Limettensaft, Kräutersalz und wenig schwarzem Pfeffer abschmecken. Etwa 10 Verbeneblättchen fein hacken und in die Sauce geben.

Das Fleisch auswickeln, den Fleischsaft mit den Gewürzen in die Sauce geben. Das Filet nochmals mit Kräutersalz würzen und in Scheiben schneiden. Mit einigen Verbeneblättchen garnieren und mit der heißen Sauce servieren.

ROASTBEEF
MIT SENFGLASUR

Den Backofen auf **80 °C CircoTherm® Heißluft** vorheizen. Das Fleisch in neutralem Öl in einer Pfanne rundherum anbraten. Das Roastbeef in eine Universalpfanne legen. Den Senf mit der Gemüsebrühe verrühren und das Fleisch damit bestreichen. Die Knoblauchzehe schälen, in feine Scheiben schneiden und zusammen mit den Sardellen, den Lorbeerblättern, dem Olivenöl, dem angewärmten Weißwein und Essig in die Universalpfanne geben. Salzen und pfeffern. Auf **Einschubhöhe 1**, mit **mittlerer Dampfintensität, etwa 60 Minuten** garen.

Für die Polenta das Wasser zum Kochen bringen, salzen und den Polentagrieß nach und nach unterrühren. Es sollen sich keine Klümpchen bilden. Bei geringer Hitze und unter Rühren etwa 45 Minuten köcheln lassen. Ein Backblech oder eine Form mit Öl auspinseln, die Masse einfüllen und die Oberfläche glatt streichen. Abkühlen lassen. Wenn die Polenta ausgekühlt ist, in Scheiben schneiden.

Die Schalotten schälen und in wenig Wasser in einem Topf 5 Minuten garen. In einer Pfanne den Zucker mit 1 EL Wasser karamellisieren lassen, von der Herdplatte nehmen und mit dem Weißwein ablöschen (Vorsicht, es kann spritzen). Bei großer Hitze die Flüssigkeit auf die Hälfte einreduzieren lassen, dann die Schalotten dazugeben und ca. 4 Minuten mit kochen.

Die Polentascheiben zuerst in Mehl, dann in den verschlagenen Eiern und Semmelbröseln wenden. In einer beschichteten Pfanne in Öl goldgelb ausbacken.

Den Bratenfond des Roastbeefs abschmecken. Das Fleisch in Scheiben schneiden und zusammen mit den gebratenen Polentascheiben, den karamellisierten Schalotten und der Sauce servieren.

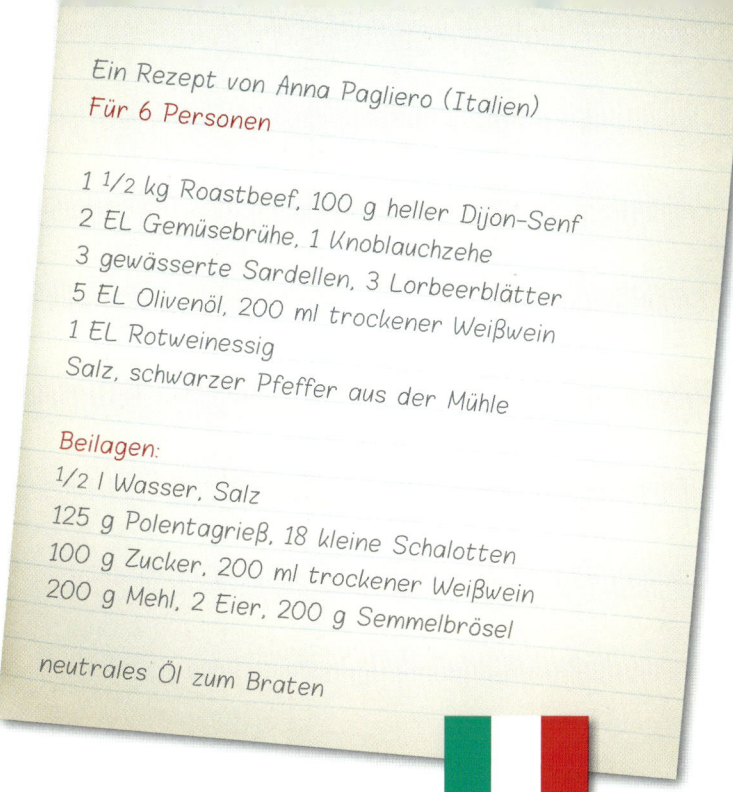

Ein Rezept von Anna Pagliero (Italien)
Für 6 Personen

1 ½ kg Roastbeef, 100 g heller Dijon-Senf
2 EL Gemüsebrühe, 1 Knoblauchzehe
3 gewässerte Sardellen, 3 Lorbeerblätter
5 EL Olivenöl, 200 ml trockener Weißwein
1 EL Rotweinessig
Salz, schwarzer Pfeffer aus der Mühle

Beilagen:
½ l Wasser, Salz
125 g Polentagrieß, 18 kleine Schalotten
100 g Zucker, 200 ml trockener Weißwein
200 g Mehl, 2 Eier, 200 g Semmelbrösel

neutrales Öl zum Braten

SO WIRD'S EIN GENUSS:

Zum Anbraten von größeren Fleischstücken eignet sich auch ein Teppan Yaki hervorragend.

Andere Senfsorten wie z.B. Estragon- oder Kräutersenf geben dem Roastbeef neue Akzente.

Ein Rezept von Christina Richon

Für 6 Personen

3 mittelgroße Zucchini
1 Zwiebel, 1 Knoblauchzehe
300 g Rinderhack
100 g Feta, 1 Ei
3 EL fein gehackte Petersilie
1 EL fein gehackte Pfefferminze
70 g Mandelstifte
700 g Kartoffeln
5 frische Lorbeerblätter
3 EL Olivenöl
Salz, Pfeffer, gemahlener Kreuzkümmel,
Muskatnuss, Schwarzkümmel

Tomaten-Tunke:
2 große reife Tomaten
1 kleine Knoblauchzehe
1 TL Harissa-Paste
1 Prise Zimt, 1 Prise Zucker

ORIENTALISCHE ZUCCHINI-SCHIFFCHEN AUF KARTOFFELN

Die Zucchini waschen, längs halbieren und mit einem Löffel etwas aushöhlen. Das Zucchinifleisch anderweitig (z. B. für eine Gemüse-suppe) verwenden. Die Zwiebel und den Knoblauch schälen, beides fein schneiden und zusammen mit dem Hackfleisch in eine Schüssel geben. Den Fetakäse darüberkrümeln. Das Ei zusammen mit der fein gehackten Petersilie und Minze untermischen. Mit Salz, Pfeffer und ca. 1 TL gemahlenem Kreuzkümmel würzen. Die Zucchini mit der Hack-fleischmasse füllen und die Mandelstifte auf die Füllung drücken.

Die Kartoffeln waschen und mit der Schale mithilfe eines Hobels in feine Scheiben schneiden. Mit den Lorbeerblättern und dem Olivenöl in eine Schüssel geben und mit Salz, Pfeffer, geriebener Muskatnuss und 1/2 TL Schwarzkümmel würzen. Die Kartoffeln auf einem Backblech verteilen. Die gefüllten Zucchini daraufsetzen. Im Backofen auf **Einschubhöhe 1, CircoTherm® 180 °C, Dampfintensität hoch, 20 Minuten** garen. Wei-tere **10–15 Minuten ohne Dampf** fertig garen.

Für die Tomatentunke die Tomaten waschen, halbieren, den Stielansatz entfernen und zusammen mit den übrigen Saucenzutaten in den Mixer geben, gut durchmixen und mit Salz, Pfeffer und einer Prise Zimt und Zucker abschmecken. Wer die Sauce schärfer mag, der gibt noch etwas Harissa-Paste dazu. Die Sauce zu den Zucchini-Schiffchen reichen.

TIPP AUS DER KÜCHE:

Die Kartoffeln können gemeinsam mit den Zucchini-Schiffchen gegart werden. Das spart Zeit und Energie!

SPANFERKEL-BRATEN MIT WODKA

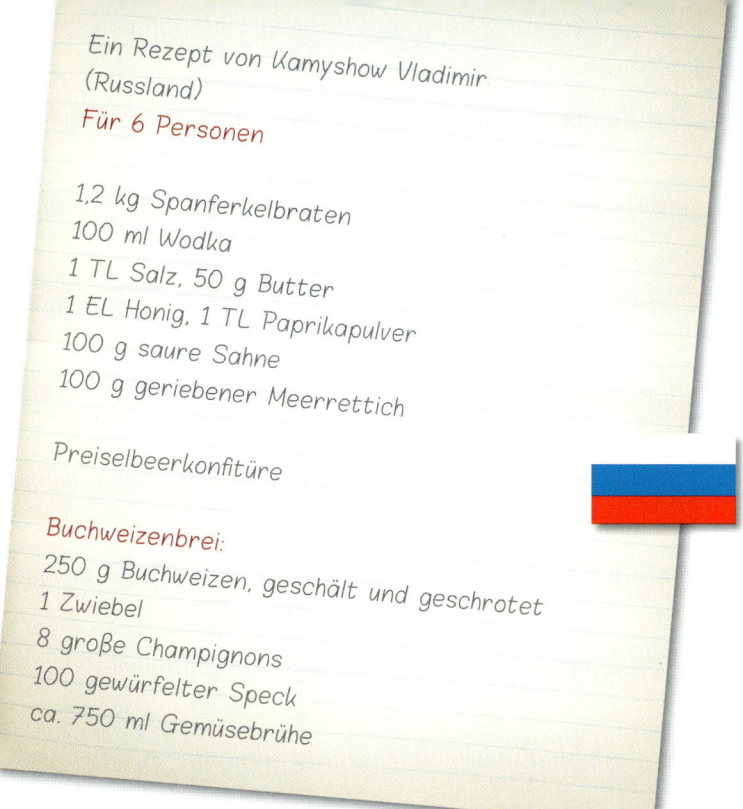

Ein Rezept von Kamyshow Vladimir (Russland)

Für 6 Personen

1,2 kg Spanferkelbraten
100 ml Wodka
1 TL Salz, 50 g Butter
1 EL Honig, 1 TL Paprikapulver
100 g saure Sahne
100 g geriebener Meerrettich

Preiselbeerkonfitüre

Buchweizenbrei:
250 g Buchweizen, geschält und geschrotet
1 Zwiebel
8 große Champignons
100 gewürfelter Speck
ca. 750 ml Gemüsebrühe

Für den Buchweizenbrei die Buchweizengrütze waschen und in einem großen Sieb abtropfen lassen. Die Zwiebel schälen und klein würfeln. Die Champignons reinigen und in feine Scheiben schneiden. In einem Topf die Speckwürfel auslassen, die Zwiebelwürfel und die Champignons darin anbraten. Den abgetropften Buchweizen dazugeben und mit etwa 500 ml Brühe ablöschen. Den Kochtopf mit einem Deckel schließen und auf **Einschubhöhe 1, bei 90 °C Ober-/Unterhitze, etwa 1 ½ Stunden** garen. Zwischendurch mit etwas Brühe aufgießen. Der Brei kann schon vorher zubereitet und später mit dem Spanferkel die letzten 10 Minuten im Backofen aufgewärmt werden.

Für den Braten den Backofen auf **170 °C Thermogrillen** vorheizen. Den Braten auf ein Backblech legen und mit Wodka und Salz einreiben. Auf **Einschubhöhe 2, mit mittlerer Dampfintensität, 20 Minuten** grillen.

Die Butter und den Honig mit dem Paprikapulver in einem kleinen Topf schmelzen lassen. Nach 20 Minuten den Braten mit der Butter-Honig-Mischung bepinseln und **weitere 20 Minuten ohne Dampf** garen, erneut mit der Buttermischung bepinseln. Noch ca. **10–20 Minuten** garen, bis die Fettschicht des Bratens knusprig und der Braten durchgegart ist.

Die saure Sahne mit dem Meerrettich vermengen. Mit etwas Salz würzen. Die Meerrettichsauce zusammen mit der Preiselbeerkonfitüre zum Spanferkelbraten servieren.

BLICK IN DIE KÜCHE:

Den gewickelten Spanferkelbraten bitte beim Metzger vorbestellen.

Je öfter der Braten eingestrichen wird, desto knuspriger und würziger wird die Kruste.

HASENPFEFFER

Den Hasen bzw. das Wildfleisch in Stücke zerlegen. Für die Marinade die Zwiebel und die Karotte schälen. Die Zwiebel klein würfeln und die Karotte in feine Scheiben schneiden. Beides in eine Schüssel geben. Rotwein, Nelkenpulver, Lorbeerblatt und die zerquetschten Pfefferkörner mit den Hasenteilen dazugeben. Abgedeckt mind. 6 Stunden kühl stellen.

Den Backofen auf **135 °C Ober-/Unterhitze** vorheizen. Das Wild mit einem Schaumlöffel aus der Marinade heben und mit Küchenpapier trocken tupfen. Die Butter in einer Bratpfanne (mit hitzebeständigen Griffen) erhitzen und das Fleisch rundherum anbraten. Die Speckwürfel dazugeben und mit braten. Das Tomatenpüree und das Mehl untermengen. Unter Rühren das Fleisch bei starker Hitze ca. 3 Minuten anbraten. Die gesamte Marinade und den zerkrümelten Frühstückskuchen dazugeben. Wer etwas mehr Sauce mag, gibt noch ca. 250 ml Gemüsebrühe dazu.

Auf **Einschubhöhe 2, mit mittlerer Dampfintensität, ca. 1 ½ Stunden** garen. Mit Salz und Pfeffer abschmecken und servieren.

Ein Rezept von Hélène Matze (Niederlande)
Für 6 Personen

750 g Hasen- oder Wildfleisch

Marinade:
1 Zwiebel, 1 Karotte
300 ml Rotwein
1 geh. Msp. Gewürznelkenpulver
1 Lorbeerblatt
6 schwarze Pfefferkörner

25 g Butter
50 g gewürfelter Frühstücksspeck
2 EL Tomatenpüree
1 EL Mehl
2 Scheiben Frühstückskuchen
Salz, schwarzer Pfeffer aus der Mühle

Dieses deftige Wildgericht kombiniert klassische Aromen und Gewürze auf überraschende Weise.

LAMMBRATEN MIT ZITRONE UND KNOBLAUCH

Ein Rezept von Lyn Harwood (Australien)
Für 6-8 Personen

1,2 kg entbeinte Lammkeule

Marinade:
2 EL Olivenöl
4 fein gehackte Knoblauchzehen
1 Bio-Zitrone, Schalenabrieb
1/2 TL geschrotete schwarze Pfefferkörner
1/2 Bund Blattpetersilie

Das Fleisch der Lammkeule zu einem großen, aufgeklappten Stück zuschneiden. Die Unterseite der Lammkeule mehrfach 5 mm tief einschneiden, damit die Marinade gut einziehen kann. Für die Marinade Öl, Knoblauch, Zitronenschale und Pfeffer gut mischen. Die Petersilie waschen, trocknen, klein schneiden und unter die Marinade mengen. Gut die Hälfte der Marinade auf der unteren Fleischseite mit den Einschnitten verteilen. Die andere Fleischseite mit der restlichen Marinade einreiben. In eine große Plastikschüssel legen und verschlossen ca. 2 Stunden im Kühlschrank marinieren lassen.

Den Backofen auf **170 °C CircoTherm®** vorheizen. Das Fleisch mit der Hautseite nach oben auf einen Rost legen und diesen auf eine mit Backpapier ausgelegte Universalpfanne stellen.

Auf **Einschubhöhe 3, mit mittlerer Dampfintensität, etwa 30–40 Minuten** garen. Das Fleisch sollte innen noch rosa sein. Die Garzeit hängt von der Dicke des Bratens und dem gewünschten Gargrad ab. Wenn das Fleisch bei leichtem Druck federnd nachgibt, ist es im Innern rosa.

Den Braten aus dem Ofen nehmen, in Alufolie einschlagen und 10 Minuten ruhen lassen. Das Fleisch gegen die Faser in Scheiben schneiden. Mit einem Salat, Röstgemüse oder mit Fladenbrot, Zwiebeln, Gurkenscheiben, Tomaten und Joghurt als Souvlaki servieren.

UND SO GELINGT'S:

Die Marinade wird großzügig auf der Lammschulter verteilt.

Das Fleisch auf den Rost legen, so wird es am schmackhaftesten gegart.

Ein Rezept von Christina Richon
Für 6 Personen

2 Lammkarrees (ca. 1 kg)
3 EL Olivenöl
Kräutersalz, schwarzer Pfeffer aus der Mühle

Kruste:
5 Kapseln grüner Kardamom
1 geh. TL Kaffeebohnen
1/2 TL schwarze Pfefferkörner,
1/2 TL Kreuzkümmel
30 g Pistazien, 30 g Weißbrotkrümel
1 TL fein geriebene Orangenschale
1 EL Honig, 2 EL Olivenöl
Salz, schwarzer Pfeffer aus der Mühle

LAMMKARREE MIT KAFFEE-
KARDAMOM-KRUSTE

Die Lammkarrees mit 3 EL Olivenöl bestreichen und mit Salz und Pfeffer würzen.

Für die Kruste die Schale der Kardamomkapseln ablösen und die Samen zusammen mit allen anderen Krusten-Zutaten in einer Kaffeemühle oder einem Mixer zu einer Paste mixen. Dabei ca. 2 EL Olivenöl dazugeben. Mit Salz und Pfeffer abschmecken.

Den Ofen auf **220 °C Ober-/Unterhitze** vorheizen. Die Karrees in die Universalpfanne legen. Das Fleisch mit der Kaffee-Kardamom-Paste bestreichen. **10 Minuten lang mit hoher Dampfintensität** auf Einschubhöhe 2 garen. Den Ofen auf **180 °C** herunterschalten und weitere **10 Minuten ohne Dampf** fertig garen. Das Fleisch in Alufolie wickeln und 10 Minuten ruhen lassen, dann in Koteletts schneiden.

Tipp: Als Beilage eignet sich der orientalische Safran-Reis oder der Kurkuma-Pistazien-Couscous (beide siehe S. 62/63).

Ein Rezept von Diego Ferrer (Spanien)
Für 6 Personen

3 Milchlammschultern (à 400–500 g)
feines Salz

Zimt-Zucchini:
4 Zucchini
100 ml Sonnenblumenöl
3 Zimtstangen

GESCHMORTE MILCHLAMM-SCHULTER

Die Lammschultern auf beiden Seiten mit Salz einreiben und auf ein Backblech legen. Auf **Einschubhöhe 1, bei 150 °C CircoTherm® Heißluft, mit mittlerer Dampfintensität, 50 Minuten** schmoren. Das Fleisch aus dem Ofen nehmen und bis zum Servieren warm stellen.

Den Bratenansatz mit ca. 100 ml Wasser ablöschen. Die Bratenreste mit einem Schaber vom Backblech lösen und den Fond in einen Topf geben. Kurz aufkochen lassen und nach Geschmack würzen oder abbinden.

Für die Zimt-Zucchini kann das Zimtöl bereits am Vortag hergestellt werden. Die Zimtstangen mit dem Öl in einen Topf geben und 1 Stunde lang auf dem FlexInduction-Kochfeld, bei Stufe 1, ziehen lassen. Abdecken und in den Kühlschrank stellen. Die Zucchini waschen und in feine Scheiben schneiden. Diese in eine feuerfeste Form legen und mit dem Zimtöl begießen. Auf **Einschubhöhe 1, bei 100 °C CircoTherm® Heißluft, mit hoher Dampfintensität, 15 Minuten** lang garen.

Das Lammfleisch in Stücke schneiden und mit den Zimt-Zucchini und der Bratensauce servieren.

Edel und unkompliziert: der ideale Festtagsbraten!

Ein Rezept von Sylvie Weber (Frankreich)

Für 6 Personen

1/2 Bund glatte Petersilie
1 Zweig Rosmarin
1/2 Bund Thymian
1/2 Bund Majoran
1 Knoblauchzehe
2–3 EL Walnussöl
3 EL körniger Senf
Salz, schwarzer Pfeffer aus der Mühle
1 kg Rinderfilet
2 EL Olivenöl

RINDERFILET
IM KRÄUTERMANTEL

Die Kräuter waschen, trocknen und die Blätter von den Stängeln zupfen. Die Knoblauchzehe entkeimen und zusammen mit den Kräutern fein hacken. Die Kräuter und den Knoblauch in eine kleine Schüssel geben und mit Walnussöl, Senf, Salz und Pfeffer zu einer Kräuterpaste vermengen.

Den Backofen auf **180 °C CircoTherm®** vorheizen. Das Rinderfilet in einer heißen Pfanne in dem Olivenöl rundherum kurz anbraten. Auf ein Backblech legen und mit der Kräuterpaste bestreichen.

Das Fleisch auf **Einschubhöhe 1, mit mittlerer Dampfintensität, 20–30 Minuten** garen. Das Filet aus dem Ofen nehmen, in Alufolie einwickeln und etwa 10 Minuten ruhen lassen. Anschließend in Scheiben schneiden und mit in Dampf gegarten Bohnen oder Gemüse der Saison servieren.

FRISCH
GEFANGEN:
KÖSTLICHKEITEN
AUS DEM WASSER

Ein Rezept von Christina Richon
Für 6 Personen

6 Lachssteaks, ohne Haut und Gräten (à 150 g)
Salz, 3 TL Tandoori-Paste (indische Gewürzpaste)
knapp 1 TL gemörserte Koriandersamen
2 große Tomaten, 1 kleine Schalotte
1 kleine Knoblauchzehe, 2 Zweige Koriandergrün
1 kleine rote Chilischote
4 EL neutrales Pflanzenöl
2 EL Limettensaft, 1 geh. TL brauner Zucker
etwas Tabasco

Süßkartoffelbett:
600 g Süßkartoffeln, 2 EL Olivenöl
Kräutersalz, Pfeffer, Muskatnuss
1 TL Limettenschalenabrieb

TANDOORI-LACHSSTEAK AUF SÜSSKARTOFFELBETT

TIPP AUS DER KÜCHE:

Die schmackhafte Süßkartoffel ist eine interessante Alternative für Kartoffelgerichte.

Koriandergrün passt perfekt zur orientalischen Note des Fischgerichtes.

Die indische Tandoori-Paste besteht meist aus Koriander, Pfeffer, Chili, Ingwer, Kreuzkümmel, Paprika und Kurkuma.

Den Backofen auf **240 °C Thermogrillen** vorheizen.

Die Süßkartoffeln schälen und in eine große Schüssel in feine Scheiben hobeln. Mit Olivenöl beträufeln und mit Salz, Pfeffer, etwas frisch gemahlener Muskatnuss und Limettenabrieb würzen. Alles vermengen und auf einem mit Backpapier ausgelegten Backblech verteilen. Auf **Einschubhöhe 2, mit hoher Dampfintensität, 10 Minuten** vorgaren.

Die Lachssteaks wenig salzen, mit der Tandoori-Paste bestreichen und mit dem gemörserten Koriander bestreuen. Auf die Süßkartoffeln setzen und auf **Einschubhöhe 2 ca. 8 Minuten mit hoher Dampfintensität** garen. Falls die Lachssteaks je nach Dicke etwas länger brauchen, den Ofen ausschalten und weitere 5–10 Minuten im heißen Ofen nachgaren lassen.

In der Zwischenzeit für die Salsa die Tomaten waschen. Die Stielansätze entfernen, die Tomaten klein würfeln und in eine Schüssel geben. Die Schalotte und die Knoblauchzehe schälen und in kleine Würfel schneiden. Das Koriandergrün waschen, trocken schütteln und klein schneiden. Die Chilischote waschen, putzen, längs aufschlitzen, entkernen und klein schneiden. Alles in einer Schüssel vermengen, Öl, Limettensaft und Zucker dazugeben und mit Salz und Tabasco würzen. Die Salsa zum Tandoori-Lachs und den Süßkartoffeln reichen.

Südländisch-deftig: Kabeljau und Chorizo bilden ein unkonventionelles und raffiniertes Gespann.

Ein Rezept von Christina Richon
Für 6 Personen

6 Kabeljaufilets (am besten Lion-Filets aus dem Mittelstück, à 150 g)
1 Bio-Zitrone
Salz, schwarzer Pfeffer aus der Mühle
120 g Chorizo-Wurst mit 3,5 cm Ø
5 EL Olivenöl
2 junge Knoblauchzehen

Kartoffelplätzchen:
700 g festkochende Kartoffeln
10 entsteinte schwarze Oliven
1 Zwiebel, 1 Knoblauchzehe
1 Ei, 2 EL Orangenmarmelade, 2 EL Mehl
1 Bio-Zitrone, Muskatnuss
schwarzer Pfeffer aus der Mühle
Kräutersalz

KABELJAU MIT
CHORIZO-SCHUPPEN UND
KARTOFFEL-OLIVEN-PLÄTZCHEN

Die Kabeljaufilets in eine flache feuerfeste Form setzen. Die Zitrone heiß waschen, trocknen und etwas Schale fein über die Filets reiben. Mit wenig Salz und Pfeffer würzen. Die Chorizo-Wurst enthäuten und mit einem Allesschneider in etwa 2 mm dicke Scheiben schneiden. Diese schuppenförmig auf die Filets setzen. Mit 2 EL Olivenöl beträufeln und die halbierten Knoblauchzehen dazugeben. Die Form abdecken und in den Kühlschrank stellen.

Für die Plätzchen die Kartoffeln schälen und grob raspeln. Die Oliven, die Zwiebel und Knoblauchzehe fein hacken und zu den Kartoffeln geben. Das Ei, die Marmelade und das Mehl untermengen. Die gewaschene Zitrone zur Hälfte darüberreiben, mit frisch geriebener Muskatnuss, Pfeffer und Kräutersalz abschmecken.

Den Ofen auf **200 °C CircoTherm®** vorheizen. Ein Backblech mit Backpapier auslegen. Jeweils 2 EL Plätzchenmasse mithilfe eines Dressierrings von 6 cm Ø auf das Blech setzen (etwa 16 Stück). Die Plätzchen mit dem restlichen Olivenöl beträufeln. In **Einschubhöhe 1, Dampfintensität hoch, 15 Minuten** garen. Die Plätzchen wenden und **nochmals 15 Minuten** zu Ende garen.

Die Fischfilets die letzten 10 Minuten auf Einschubhöhe 3 mit garen.

BLICK IN DIE KÜCHE:

Der ideale Begleiter: schnell geraspelt und zusammengerührt.

Mit Hilfe eines Rings oder Ausstech-Förmchens werden die Kartoffelplätzchen vorsichtig auf ein Backblech gesetzt.

GRATINIERTES ZANDERFILET
AUF TRAUBEN-SAUERKRAUT

Ein Rezept von Christina Richon
Für 6 Personen

2 Schalotten, 1 EL Butterschmalz
1 geh. EL brauner Rohrzucker
750 g rohes Sauerkraut, 350 g kernlose Trauben
2 Lorbeerblätter, 1 Nelke, 2 TL Wacholderbeeren
3 EL fein gehackte Pinienkerne
150 ml trockener Weißwein, 100 ml Traubensaft
200 ml Sahne, 1/2 Bio-Zitrone
4 TL helle Rosinen, 1/2 Bund glatte Petersilie
1 junge kleine Knoblauchzehe
40 g geriebener Parmesankäse
etwas abgeriebene Orangenschale
2 EL Olivenöl
6 Zanderfilets ohne Haut und Gräten (à 140 g),
Salz, schwarzer Pfeffer aus der Mühle

Ideal auch für Gäste:

Größere Mengen passen gut auf ein Backblech.

Die Fischfilets bekommen eine feine Gremolata als Kruste.

Die Schalotten schälen und fein hacken. Zusammen mit dem Butterschmalz und dem Zucker auf einer Universalpfanne verteilen. Auf **Einschubhöhe 1** bei **180 °C CircoTherm® 5 Minuten** anrösten. Das Sauerkraut, die Trauben, Gewürze und 1 EL gehackte Pinienkerne darauf verteilen. Mit Wein, Saft und Sahne aufgießen.

Auf **160 °C CircoTherm®** herunterschalten und auf **Einschubhöhe 1, mit hoher Dampfintensität, 30 Minuten** garen.

Für die Gremolata mit einem Sparschäler das Gelbe der Zitronenschale abschälen und die Zitrone auspressen. Zitronenschale und -saft, Rosinen, gewaschene Petersilie, geschälte Knoblauchzehe, Parmesan, die restlichen Pinienkerne und etwas Orangenabrieb mit dem Olivenöl im Mixer zerkleinern. Mit etwas Salz und Pfeffer abschmecken. Die Fischfilets auf eine Platte legen, wenig salzen, die Gremolata auf die Filets verteilen und etwas andrücken. Die Filets auf das vorgegarte Sauerkraut setzen und noch etwa **7–10 Minuten mit garen** (je nach Dicke der Filets).

Tipp: Dazu passt Kartoffelbrei oder -stampf.

GEWÜRZ-KRÄUTER-
FORELLE MIT
KANDIERTEN KIRSCHTOMATEN

Ein Rezept von Christina Richon
Für 6 Personen

6 küchenfertige Forellen (à 300 g)
1 Bio-Zitrone
je 1 TL Szechuan-Pfeffer, Piment und
Kreuzkümmel gemischt
1 Schalotte, 1 junge Knoblauchzehe
4 EL gemischte, gehackte Kräuter (z. B. Petersilie,
Schnittlauch, Estragon, Minze, Thymian)
6 frische Lorbeerblätter
70 g Butter, 30 Kirschtomaten
2 EL Olivenöl
1 Tonkabohne (Gewürzhandel oder Apotheke)
1 EL Puderzucker
Kräutersalz, Fleur de Sel, schwarzer Pfeffer aus
der Mühle

Die Forellen waschen, trocken tupfen und auf ein Backblech legen. Die Zitrone heiß waschen, trocknen und die Schale fein abreiben, den Saft auspressen. Die Gewürze mörsern, die Schalotte und die Knoblauchzehe schälen und fein hacken. Die Kräuter waschen, trocknen und ebenfalls fein hacken. Die Forellen mit etwa 3 EL Zitronensaft beträufeln und innen und außen mit Kräutersalz und den gemörserten Gewürzen bestreuen. 1 TL Zitronenabrieb, die gehackte Schalotte, die Knoblauchzehe und die zerkleinerten Kräuter vermischen. Die Forellen mit der Mischung und je 1 Lorbeerblatt füllen. Mit Butterflöckchen belegen.

Die gewaschenen Kirschtomaten neben die Forellen legen, mit Olivenöl beträufeln, mit etwas Tonkabohnenabrieb (Muskatreibe), mit Puderzucker und schwarzem Pfeffer bestreuen.

Bei **CircoTherm® Heißluft bei 160 °C, Einschubhöhe 1, Dampfintensität mittel, etwa 35 Minuten** garen. Die Tomaten vor dem Servieren mit etwas Fleur de Sel bestreuen.

Tipp: Dazu passt das Kurkuma-Pistazien-Couscous (Seite 62/63) sehr gut als Beilage.

Zitronenduft trifft ...

... auf frische Kräuter und Gewürze.

Puderzucker und Tonkabohne geben den Aromakick.

BOUILLABAISSE AUS DEM OFEN

Ein Rezept von Christina Richon
Für 6 Personen

2 kleine zarte Fenchelknollen
2 mittelgroße Karotten, 2 Schalotten
1 kleine Stange Lauch, 2 junge Knoblauchzehen
5 EL bestes Olivenöl, 2 Lorbeerblätter
2 große Tomaten, 2 Döschen Safranfäden (à 0,1 g)
50 ml Noilly Prat (Wermut)
1 EL Pernod (Anisschnaps) oder
einige Prisen gemahlener Anis
200 ml trockener Weißwein
1 l Gemüsebrühe
1 Bio-Orange, 1 Thymianzweig
800 g gemischte, gehäutete Fischfilets
(z. B. Rotbarsch, Kabeljau, Steinbeißer, Seeteufel,
Petersfisch)
6 rohe, ungeschälte Riesengarnelen ohne Kopf
Salz, schwarzer Pfeffer aus der Mühle
1/2 Bund glatte Petersilie

Den Backofen auf **200 °C Ober-/Unterhitze** vorheizen.

Die Fenchelknollen waschen, putzen und das Fenchelgrün beiseitelegen. Den Fenchel zusammen mit den geschälten Karotten in 3 mm feine Scheiben schneiden. Die Schalotten fein hacken. Den Lauch waschen und zusammen mit dem geschälten Knoblauch in feine Scheiben schneiden.

4 EL Olivenöl in einem ofenfesten Topf erhitzen und das klein geschnittene Gemüse mit den Schalotten, dem Knoblauch und Lorbeer kurz auf dem Induktionskochfeld andünsten. In den heißen Ofen, **Einschubhöhe 2**, stellen und mit **mittlerer Dampfintensität 15 Minuten** garen.

Die Tomaten enthäuten, Stielansatz entfernen und in Würfel schneiden. Ein Döschen Safran mörsern und in einen Topf geben, mit Noilly Prat, Pernod, Weißwein, der Gemüsebrühe, der dünn abgeschälten Schale der halben Orange und dem Thymian aufkochen. Den Sud mit den Tomaten über das Gemüse geben. **Nochmals 15 Minuten** garen.

Den Backofen auf **100 °C** herunterschalten. Die Fischfilets kalt abspülen, abtrocknen und in 2 cm breite Streifen schneiden. Mit etwas Pfeffer würzen. Die Suppe mit Salz und etwas Pfeffer abschmecken und die Fischstreifen mit den Garnelen auf die Suppe legen und **mit geringer Dampfintensität 3–5 Minuten** mit garen. Dabei zwischendurch die Fischfilets einmal wenden.

Die Petersilie waschen und mittelgrob schneiden. Die Suppe in Tellern anrichten, die Fischfilets leicht salzen. Petersilie, Fenchelgrün und etwas Safran darüberstreuen und mit dem restlichen Olivenöl beträufeln.

Tipp: Zur Bouillabaisse passen geröstete Weißbrotscheiben mit einer Knoblauch-Chili-Mayonnaise, Rouille genannt.

ASIATISCHE LACHSFORELLE AUF FENCHELBETT

Ein Rezept von Christina Richon
Für 6 Personen

3 kleine Fenchelknollen
600 g Lachsforellenfilets

Marinade:
5 getrocknete Shiitakepilze (ca. 20 g)
2 Schalotten, 1 rote entkernte Chilischote
3 getrocknete Pflaumen
4 EL neutrales Öl (z. B. Erdnuss- oder Rapsöl)
3 EL thailändische Fischsauce
1 EL Zucker, 2 EL Sojasauce
4 EL Limettensaft, 3 EL geröstetes Sesamöl
1 geh. EL fein geschnittener Ingwer
1 geh. EL fein gehackte Korianderblätter
1 EL Sesamsamen

einige Korianderblättchen zur Dekoration

Die Fenchelknollen waschen, putzen und im Ganzen fein hobeln oder mit einer Aufschnittmaschine in sehr dünne Scheiben schneiden.

Den Backofen auf **Brotbackstufe 220 °C, Dampfintensität hoch**, einstellen.

Für die Marinade die Shiitakepilze in einer Schüssel mit kochendem Wasser übergießen und ziehen lassen. Inzwischen die Schalotten und die entkernte Chilischote fein hacken, die Pflaumen klein und die abgetropften Shiitakepilze in feine Scheiben schneiden. Diese Zutaten mit den restlichen Marinadezutaten mischen.

Die Haut der Lachsforellen entfernen und die Filets nach eventuellen Gräten absuchen. Die Filets in etwa 3 cm breite Streifen schneiden.

Die Fenchelscheiben in kleine feuerfeste Förmchen oder in einer großen flachen Auflaufform verteilen. Die Fischstreifen daraufsetzen und die Marinade darauf verteilen.

7 Minuten auf Einschubhöhe 1 backen. Mit einigen Korianderblättchen dekorieren und sofort servieren.

Tipp: Wenn man das Gericht als Hauptgang servieren möchte, passt ein in Dampf gegarter Jasmin- oder Parfümreis wunderbar dazu.

Genussvolle Stapelarbeit:
Zuerst wird der Fenchel verteilt ...

... dann kommen die Lachsforellenfilets ...

... und zuletzt das würzige Topping.

Ein Rezept vom Neff-Team Griechenland
Für 6 Personen

3 kleine Zwiebeln, 2 junge Knoblauchzehen
3 mittelgroße Tomaten
1/2 Bund Blattpetersilie
ca. 2 grüne Chilischoten
400 g gemischtes Sommergemüse nach Wahl
(z. B. Zucchini, Aubergine, Paprika)
3 EL Olivenöl, je 1 kleiner Zweig Thymian,
Rosmarin und Oregano
200 ml Weißwein
Salz, schwarzer Pfeffer aus der Mühle
1 Schuss Raki
6 Wolfsbarschfilets ohne Haut

BARSCH MIT OFENGEMÜSE

Die Zwiebeln und den Knoblauch schälen und klein schneiden. Falls die Knoblauchzehen einen Keim haben, diesen entfernen, um ein milderes Aroma zu erreichen. Die Tomaten, die Petersilie, die Chilischoten und das Gemüse waschen, die Chilis entkernen und alles klein schneiden. Die zerkleinerten Zutaten in eine feuerfeste Form geben. Mit Öl beträufeln, die Kräuterzweige und den Weißwein dazugeben und mit Salz und Pfeffer würzen. Mit einem Schuss Raki aromatisieren und umrühren.

Das Ofengemüse bei **200 °C CircoTherm® Heißluft 25–30 Minuten auf Einschubhöhe 1** garen. Die Fischfilets auf Gräten überprüfen, in die Form dazulegen und mit dem vorgegarten Gemüse bedecken. Bei **160 °C CircoTherm® Heißluft, mit hoher Dampfintensität, in 5–10 Minuten** fertig garen.

GEMÜSE,
KARTOFFELN UND CO.

Ein Rezept von Christina Richon

Für 6 Personen

1 kg grüner Spargel
2 junge Knoblauchzehen
2 Zweige Zitronenthymian
1 Bio-Zitrone, Schalenabrieb
8 EL Olivenöl
Salz, schwarzer Pfeffer aus der Mühle
etwas Muskatnuss
ca. 1 1/2 l Hühnerbrühe
2 Schalotten
500 g Risotto-Reis
150 ml trockener Weißwein
80 g Butter
100 g frisch geriebener Parmesankäse

RISOTTO MIT
GRÜNEM SPARGEL

Den Backofen auf **230 °C Ober-/Unterhitze** vorheizen.

Den Spargel waschen und das untere Drittel schälen, die holzigen Endstücke abschneiden. Den Spargel auf ein Backblech legen. Mit dem fein gehackten Knoblauch, den Thymianblättchen und dem Abrieb der Zitrone bestreuen. 5 EL Olivenöl darüberträufeln, mit Salz, Pfeffer und etwas Muskatnuss würzen und alles gut mischen.

Den Spargel auf **Einschubhöhe 3 mit hoher Dampfstufe ca. 15 Minuten** garen, bis die Spargelspitzen leicht gebräunt sind. Das Backblech herausnehmen und abkühlen lassen. Die untere Hälfte der Spargel abschneiden und die Stücke zusammen mit dem entstandenen Bratfond (aus dem Backblech) in einer Küchenmaschine mit Schneidemesser fein mixen. Einige EL Hühnerbrühe untermischen, damit sich die Masse gut mixen lässt. Die oberen Spargelhälften nochmals halbieren und beiseitestellen.

Die Schalotten schälen, fein hacken und mit 3 EL Olivenöl zusammen mit dem Reis auf einem Backblech verteilen. Mit ca. 1 l heißer Hühnerbrühe, dem Weißwein und den gemixten Spargelstücken aufgießen. Bei **180 °C CircoTherm®, Dampfstufe hoch, Einschubhöhe 1, 20–30 Minuten** (je nach Reissorte) garen. Nun mit einem Holzlöffel alles gut durchrühren, die Butter, den Parmesankäse und, falls nötig, noch etwas Hühnerbrühe unterrühren. Die zur Seite gestellten Spargelstücke auf den Reis legen. Im ausgeschalteten Ofen weitere 10 Minuten garen. Der Risottoreis sollte noch leicht bissfest sein. Auf warmen Tellern anrichten, dabei die Spargelspitzen auf den Risotto legen.

BLICK IN DIE KÜCHE:

Der zarte Geschmack des grünen Spargels wird durch passende Aromazutaten unterstützt und verfeinert.

Durch die Feuchtigkeitszugabe mit der Einstellung »Dampfintensität hoch« bleibt der frische Spargel schön knackig und saftig.

PAPRIKA-GRÜNKERN-RISOTTO

Die Zwiebeln und Knoblauchzehen schälen und fein hacken. Zusammen mit dem Olivenöl und dem Grünkern auf einem Backblech verteilen. In Einschubhöhe 1 in den Backofen schieben. **CircoTherm® 180 °C, Dampfstufe hoch**, einstellen.

Sobald die 180 °C erreicht sind, die heiße Gemüsebrühe mit der Sahne, den Lorbeerblättern, dem Liebstöckel und beiden Paprikapulverarten über den Grünkern geben. Die Paprika waschen, halbieren, entkernen und in kleine Würfel schneiden. Über dem Grünkern verteilen und umrühren. **30 Minuten** garen lassen.

Den Backofen ausschalten und **weitere 20 Minuten** nachgaren lassen, bis die Körner bissfest bis weich sind. Mit Salz abschmecken und mit etwas gehacktem Liebstöckel bestreuen.

Ein Rezept von Christina Richon
Für 6 Personen

2 Zwiebeln, 2 kleine junge Knoblauchzehen
3 EL Olivenöl, 500 g ganze Grünkern-Körner
ca. 1 l heiße Gemüsebrühe, 200 ml Sahne
2 Lorbeerblätter
1 Zweig Liebstöckel (oder 2 Zweige Petersilie)
2 TL mildes Paprikapulver, 1 TL scharfes Paprikapulver, 3 große rote Paprikaschoten
Salz

etwas Liebstöckel oder Petersilie zur Dekoration

Die Kartoffelscheiben für den beliebten Klassiker nehmen die Aromen aus dem Guss umso besser auf, je feiner sie geschnitten sind.

Ein Rezept von Christina Richon

Für 6 Personen

800 g Kartoffeln (mehlig kochende Sorte)
1 EL Olivenöl

Guss:

ca. 1 geh. TL Kräutersalz
schwarzer Pfeffer aus der Mühle
frisch geriebene Muskatnuss
1 Knoblauchzehe, fein gehackt
300 ml Milch, 350 ml Sahne
60 g fein geriebener Gruyère

SCHWEIZER
KARTOFFELGRATIN

Die Kartoffeln schälen und in feine Scheiben schneiden. Die Kartoffelscheiben ziegelartig in die mit Olivenöl ausgestrichene Gratinform (ca. 1 1/2 l Inhalt) schichten. Für den Guss Kräutersalz, Pfeffer, Muskat und Knoblauch mit der Milch und 200 ml Sahne mischen und über die Kartoffelscheiben gießen. Bei **160 °C CircoTherm®, auf Einschubhöhe 1, Dampfintensität hoch, 40 Minuten** vorbacken.

Das Gratin herausnehmen, die Temperatur auf **180 °C** erhöhen, die Kartoffeln mit der restlichen Sahne übergießen und mit dem Gruyère bestreuen. Das Gratin **weitere 20 Minuten mit hoher Dampfintensität** fertig backen.

Variante mit Morcheln: 12 g getrocknete Morcheln einweichen, klein schneiden, unter das Gratin mischen und mitbacken.

AUBERGINEN-
TIMBALE

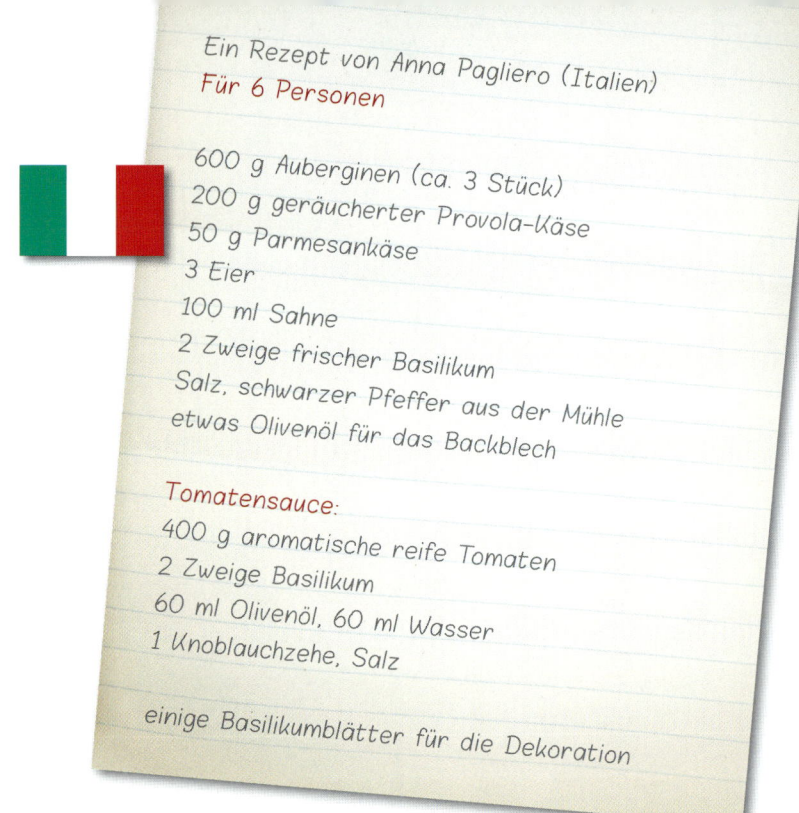

Ein Rezept von Anna Pagliero (Italien)
Für 6 Personen

600 g Auberginen (ca. 3 Stück)
200 g geräucherter Provola-Käse
50 g Parmesankäse
3 Eier
100 ml Sahne
2 Zweige frischer Basilikum
Salz, schwarzer Pfeffer aus der Mühle
etwas Olivenöl für das Backblech

Tomatensauce:
400 g aromatische reife Tomaten
2 Zweige Basilikum
60 ml Olivenöl, 60 ml Wasser
1 Knoblauchzehe, Salz

einige Basilikumblätter für die Dekoration

Die Auberginen waschen, den Stielansatz abschneiden und in 4–5 cm dicke Scheiben schneiden. Die Auberginen auf einem Bogen Alufolie wieder zusammensetzen und einwickeln. Die eingewickelten Auberginen auf ein Backblech legen.

Die Auberginen bei **180 °C Ober-/Unterhitze, Einschubhöhe 2, ca. 30 Minuten** garen, bis sie weich sind. Die Auberginen aus dem Ofen nehmen, auswickeln und das Fruchtfleisch einschneiden. Mit einem Löffel die Auberginenstücke aushöhlen und das Fruchtfleisch fein würfeln. Den Provola-Käse in kleine Würfel schneiden und den Parmesan reiben. Die Eier mit der Sahne in einer Schüssel verschlagen. Das Auberginenfleisch, die Käsewürfel und den Parmesan dazugeben. Das Basilikum fein schneiden, zur Füllung geben und mit Salz und Pfeffer

würzen. Die ausgehöhlten Auberginenstücke auf ein gefettetes Blech stellen und mit der Käsemasse füllen.

Die Auberginen bei **170 °C Ober-/Unterhitze, Einschubhöhe 2, mit hoher Dampfintensität, 20 Minuten** garen. Die Funktion **Thermogrillen 170 °C** einstellen und **ohne Feuchtigkeitszugabe weitere 2 Minuten** goldbraun überbacken.

In der Zwischenzeit die Tomatensauce zubereiten. Die Tomaten klein schneiden und zusammen mit den übrigen Zutaten in einen Topf geben. Die Tomatenmasse zum Kochen bringen, dann die Herdplatte ausschalten und 5 Minuten ruhen lassen. Die Basilikumzweige und die Knoblauchzehe entfernen. Die Sauce durch ein Sieb passieren und mit Salz abschmecken.

Die Auberginen-Timbales mit der Tomatensauce und einigen Basilikumblättchen anrichten. Sofort servieren.

Ein Rezept von Christina Richon
Für 6 Personen

2 Schalotten
375 g Parboiled-Reis
75 g frisch geriebener Parmesankäse
1 große Bio-Zitrone, Saft und Schalenabrieb
1 Döschen gemahlenes Safranpulver (0,1 g)
675 ml heiße Geflügelbrühe
3 EL Olivenöl
2 EL Berberitzen (oder getrocknete Cranberries)
1 EL Butterschmalz

ORIENTALISCHER SAFRANREIS MIT BERBERITZEN

Den Backofen auf **180 °C CircoTherm® Heißluft**, vorheizen.

Die Schalotten schälen und klein schneiden. Zusammen mit dem Reis in eine feuerfeste Form geben. Den Parmesankäse, den Zitronensaft und -abrieb, den Safran, die Brühe und das Olivenöl dazugeben und vermischen.

Auf **Einschubhöhe 1, Dampfintensität hoch, ca. 25 Minuten** garen. Den Backofen ausschalten und **weitere 10 Minuten** nachgaren lassen.

In einer Pfanne die Berberitzen im Butterschmalz kurz erhitzen. Die Berberitzen unter den Safranreis mischen.

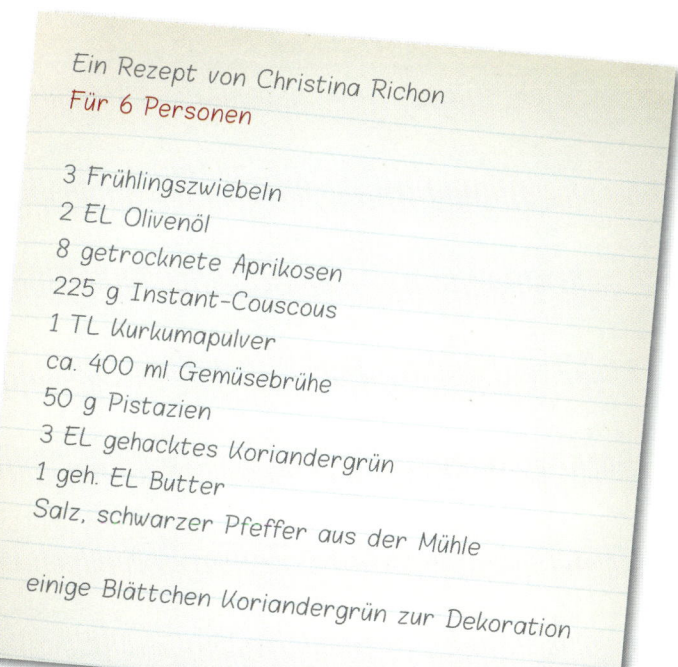

Ein Rezept von Christina Richon
Für 6 Personen

3 Frühlingszwiebeln
2 EL Olivenöl
8 getrocknete Aprikosen
225 g Instant-Couscous
1 TL Kurkumapulver
ca. 400 ml Gemüsebrühe
50 g Pistazien
3 EL gehacktes Koriandergrün
1 geh. EL Butter
Salz, schwarzer Pfeffer aus der Mühle

einige Blättchen Koriandergrün zur Dekoration

Kurkuma ist etwas pfeffrig und hat einen warmwürzigen, leicht bitteren Geschmack.

KURKUMA-PISTAZIEN-COUSCOUS

Die Frühlingszwiebeln waschen, abtrocknen und in kleine Würfel schneiden. In eine feuerfeste Form geben, das Olivenöl dazugeben und bei **160 °C CircoTherm® Heißluft, Einschubhöhe 1, Dampfintensität mittel, 5 Minuten** garen. Die Aprikosen in kleine Würfel schneiden und zusammen mit dem Couscous und Kurkumapulver mit den vorgegarten Frühlingszwiebeln vermischen. Mit der heißen Gemüsebrühe aufgießen und noch etwa **10 Minuten** weitergaren.

Die Pistazien mittelgrob hacken und zusammen mit dem gehackten Koriandergrün und der Butter untermengen. Mit Salz und Pfeffer abschmecken und mit einigen Korianderblättchen dekorieren.

HERBSTLICHES OFENGEMÜSE
MIT ESTRAGON-DIPP

Ein Rezept von Christina Richon

Für 6 Personen

Ca. 600 g gemischtes Gemüse (Karotten, Petersilienwurzel, Pastinake, Kürbis, Rote Bete, Knollensellerie)
2 Schalotten
150 g kleine Kartoffeln mit Schale
100 g kleine Champignons
1 kleine Bio-Zitrone
je 1 Zweig Rosmarin und Thymian
2 junge Knoblauchzehen
4 EL Olivenöl
Salz, schwarzer Pfeffer aus der Mühle

Estragon-Dipp
400 g saure Sahne (10% Fett i. Tr.)
4–5 Zweige Estragon
Kräutersalz, schwarzer Pfeffer aus der Mühle

Das Gemüse schälen und alles in etwa gleich große Stücke schneiden, den Kürbis etwas größer lassen, da er schneller gar ist. Falls Hokkaido-Kürbis verwendet wird, muss dieser nicht geschält, sondern nur in Spalten geschnitten werden. Die Schalotten schälen und in Achtel schneiden, die Kartoffeln waschen und je nach Größe halbieren oder ganz lassen. Die Champignons mit einem Pinsel reinigen. Die Zitrone heiß waschen, abtrocknen und mit der Schale in feine Scheiben schneiden.

Das zerkleinerte Gemüse in eine große Schüssel geben. Die Blättchen vom Rosmarin- und Thymianzweig darüberzupfen. Die Knoblauchzehen schälen, klein schneiden und zusammen mit dem Olivenöl zum Gemüse geben. Mit Salz und Pfeffer würzen. Das gewürzte Gemüse auf einem mit Backpapier ausgelegten Backblech verteilen.

Auf **Einschubhöhe 1, bei 200 °C CircoTherm® Heißluft, Dampfintensität hoch, 25 Minuten** garen, weitere **10 Minuten ohne Dampf** fertig garen. Falls einige Gemüsestücke noch nicht ganz gar sind, das Gemüse im ausgeschalteten Ofen kurz nachgaren lassen.

In der Zwischenzeit den Dipp zubereiten. Dazu die saure Sahne mit den gehackten Estragonblättchen, dem Kräutersalz und schwarzen Pfeffer verrühren und zum Gemüse reichen.

Zitronenscheiben geben den herbstlichen Gemüsesorten viel Frische.

Die Aromen verbinden sich durch gründliches Durchmischen.

Der Kürbis kommt zum Schluss, damit er eine schöne Kruste bekommt.

Ein Rezept von Christina Richon
Für 6 Personen

6 große Kartoffeln, 2 Auberginen
3 Zwiebeln, 1 Knoblauchzehe
4 EL Olivenöl, 2 EL helle Rosinen, 1 EL Honig
1/2 TL gemahlener Kreuzkümmel
1/4 TL 7-Spices (libanesische Gewürzmischung, türkischer Lebensmittelladen)
Salz, 1/2 Bund Blattpetersilie
3 Stiele Pfefferminze
etwas Pul Biber (Paprikaflocken, türkischer Lebensmittelladen)
1/2 TL Sumach (türkischer Lebensmittelladen)

Rosinen und Honig verbinden sich mit den pikanten Gewürzen zu einem Fest für die Geschmacksknospen.

LIBANESISCHE KARTOFFELPFANNE

Die Kartoffeln schälen und in kleine Würfel schneiden. Die Auberginen waschen, halbieren und in Halbmonde schneiden. Die Zwiebeln und die Knoblauchzehe schälen und fein hacken. Alle zerkleinerten Zutaten in eine Schüssel geben, Olivenöl, Rosinen, Honig, Kreuzkümmel, 7-Spices dazugeben und mit Salz abschmecken.

Eine Universalpfanne mit Backpapier auslegen, die Kartoffelmischung darauf verteilen und bei **200 °C CircoTherm® Heißluft, Einschubhöhe 1, Dampfintensität hoch, 20 Minuten** garen. Auf **180 °C** herunterschalten und weitere 10 Minuten ohne Dampf fertig garen. Die Blattpetersilie und die Minze waschen, trocknen und grob hacken. Die Kartoffelpfanne mit Paprikaflocken, Sumach und den Kräutern bestreuen.

Tipp: Wer es richtig scharf mag, der streut noch eine fein gehackte rote Chilischote über die Kartoffelpfanne.

SÜSSE
VERFÜHRUNGEN
VON TARTE
BIS SOUFFLÉ

BLITZ-SCHOKO-LADENTARTE

Ein Rezept von Christina Richon
Für eine Springform 24 cm Ø

125 g Butter
160 g Schokolade (70 % Kakaogehalt)
140 g Zucker
3 Eier (Größe M)
70 g geschälte gemahlene Mandeln
50 g Mehl
2–3 EL Maraschino (klarer, italienischer Kirschlikör)

einige frische Himbeeren und
Matcha-Grünteepulver zur Dekoration

Den Backofen auf **250 °C Ober-/Unterhitze** vorheizen. Die Springform mit Backpapier auslegen. Dies ist wichtig, sonst wird der Kuchen zu dunkel.

Die Butter mit der in Stücke gebrochenen Schokolade in einem Topf bei schwacher Hitze schmelzen lassen.

Den Zucker mit den Eiern schön schaumig schlagen. Die Mandeln dazugeben und das Mehl darübersieben. Die etwas abgekühlte Butter-Schokoladen-Mischung sowie den Likör zu der Eiermasse geben und mit einem Schneebesen kurz unterrühren.

Im heißen Backofen auf der **zweiten Einschubhöhe, mit geringer Dampfintensität, genau 10 Minuten** backen. Den Backofen ausschalten und **weitere 2 Minuten** im Ofen ruhen lassen. Herausnehmen und 5 Minuten abkühlen lassen. Die Tarte mithilfe eines Tortenhebers aus der Form lösen und auf einem Kuchengitter auskühlen lassen.

Mit dem Matcha-Grünteepulver und frischen Himbeeren garnieren. Die Tarte kann warm oder ausgekühlt serviert werden.

Durch das Backpapier geschützt kann die Tarte bei hoher Temperatur gebacken werden ohne an den Rändern zu verbrennen. Das Ergebnis ist ein Traum!

Ein Rezept von Christina Richon
Für ca. 24 Stück

Hefeteig:
450 g Mehl, 35 g frische Hefe, 70 g Zucker
150 ml lauwarme Milch, 80 g weiche Butter
1 Prise Salz, 1 Ei (Größe M)

Füllung:
45 g Speisestärke, 50 g Zucker
500 ml Kokosmilch, 1 Vanilleschote
25 g Butter, 130 g exotische Trockenfrüchte-
Mischung (Cranberries, Ananas, Papaya, Mango,
Kokos etc.)
etwas Zimt und Muskatnuss
100 g Cashewkerne, grob gehackt

Glasur:
3 Passionsfrüchte, 100 g Puderzucker

KARIBISCHE
SCHNECKENNUDELN

Alle Teigzutaten zusammen mit der zerbröselten Hefe in der Rührschüssel der Küchenmaschine mischen und zu einem glatten Teig verarbeiten. **40 Minuten** bei **Gärstufe 2, Einschubhöhe 1,** gehen lassen.

Inzwischen einen Flammerie zubereiten, dazu die Speisestärke mit dem Zucker und 4 EL Kokosmilch glatt rühren. Die restliche Kokosmilch mit der halbierten Vanilleschote und dem -mark zum Kochen bringen. Das Stärke-Zucker-Gemisch einrühren und unter Rühren aufkochen lassen, bis die Masse Blasen wirft. Die Vanilleschote entfernen und die Butter unterrühren. Ab und zu den Flammerie umrühren und erkalten lassen.

Den Teig zu einem Rechteck von etwa 6 mm Dicke ausrollen. Den Flammerie darauf verteilen, mit Trockenfrüchten bestreuen und mit etwas Zimt und gemahlener Muskatnuss würzen. Von der längeren Seite her zusammenrollen und in 2 cm dicke Scheiben schneiden. Auf ein mit Backpapier belegtes Backblech oder in gefettete Muffinformen legen und mit den gehackten Cashewkernen bestreuen.

Bei **CircoTherm® Heißluft 200 °C, Einschubhöhe 1,** etwa 15–20 Minuten goldgelb backen.

In der Zwischenzeit die Glasur zubereiten. Die Passionsfrüchte halbieren und mit einem Löffel das Fruchtmark herauslösen. Dieses in einem Topf zusammen mit dem Puderzucker aufkochen und 2 Minuten köcheln lassen. Die Glasur auf die noch warmen Schneckennudeln mit einem Teelöffel oder Pinsel verteilen.

SO WIRD'S EIN GENUSS:

Auf einer leicht bemehlten Arbeitsfläche den Teig ausrollen und gleichmäßig zusammenrollen.

Für das Crunchy-Gefühl sorgen die Cashewkerne.

Ausgekühlten Flammerie gleichmäßig auf den Teig streichen.

MAURISCHES FEIGENDESSERT

Ein Rezept von Christina Richon
Für 6 Personen

8 grüne Kardamomkapseln
1 Bio-Orange
1 Bio-Zitrone
3 Eier (Größe M)
90 g Zucker
300 g Doppelrahmfrischkäse
50 g Pistazien
4 Löffelbiskuits
6 reife, violette Feigen
etwas Puderzucker

Malaga-Sirup:
6 EL Malaga- oder roter Portwein
1 Päckchen Bourbon-Vanillezucker

Die Hülsen von den Kardamomkapseln lösen und die Samen in einem Mörser fein zerstoßen. Die Orange und Zitrone heiß waschen, abtrocknen und die Schale fein abreiben, jeweils den Saft auspressen. Zitronensaft und -abrieb für den Malaga-Sirup beiseitestellen. Die Eier in einer Rührschüssel zusammen mit dem Zucker, dem Orangenabrieb und dem Kardamom schaumig schlagen. Den Frischkäse mit ca. 3 EL Orangensaft glattrühren und löffelweise unter die Eiermasse rühren.

In der Zwischenzeit den Sirup zubereiten. Den restlichen Orangensaft mit dem Zitronensaft, Wein und Vanillezucker in einem kleinen Topf zu Sirup einkochen lassen. Mit wenig Zitronenschalenabrieb abschmecken. Den Sirup abkühlen lassen.

Den Backofen auf **160 °C CircoTherm® Heißluft** einstellen. Die Pistazien in einem Mixer fein mahlen und 1 EL für die Dekoration beiseitestellen, die restlichen Pistazien nochmals mit den Löffelbiskuits fein mixen und unter die Eiermasse rühren. Diese in 6 feuerfeste Förmchen verteilen. Die Feigen waschen, abtrocknen, auf der Oberseite kreuzweise einschneiden und mittig in die Förmchen setzen. Mit den restlichen Pistazien bestreuen.

Auf **Einschubhöhe 1 mit hoher Dampfintensität ca. 15 Minuten** backen. Sofort aus dem Ofen nehmen. Die Feigen mit dem Sirup beträufeln und nach Belieben mit Puderzucker bestäuben und sofort servieren.

BLICK IN DIE KÜCHE:

Nur reife Feigen sind voller Aroma und Süße.

Feuerfeste Glasförmchen eignen sich besonders für Desserts aus dem Backofen.

RAHM-QUARK-KUCHEN MIT HEIDELBEER-COULIS

Ein Rezept von Christina Richon
Für eine Form von 28 cm Ø

Hefeteig

200 g Mehl, 10 g frische Hefe, 80 g Zucker
ca. 6 EL lauwarme Milch, 1 Eigelb
1 Prise Salz, 50 g weiche Butter

Füllung:

500 g Magerquark
250 g Sahnequark (40 % Fett i. Tr.)
200 g saure Sahne (10 % Fett i. Tr.)
300 ml Sahne, 150 g Zucker
2 Päckchen Bourbon-Vanillezucker
3 Eier (Größe M), 2 EL Speisestärke
1/2 TL Zimt, 2 Prisen Muskatnuss
etwas weiche Butter für die Form

Heidelbeer-Coulis

250 g Heidelbeeren, 2 EL Bourbon-Vanillezucker
1–2 EL Crème de Cassis (Likör aus schwarzen
Johannisbeeren) nach Belieben

Das Mehl in eine Schüssel sieben und in die Mitte eine Mulde drücken. Die zerbröselte Hefe mit 1 EL Zucker und der Hälfte der Milch hineingeben und mit etwas Mehl vom Rand zu einem weichen Vorteig vermengen. Den Vorteig ca. 15 Minuten gehen lassen, bis sich Bläschen bilden.

Den restlichen Zucker, Milch, Eigelb, Salz und Butter in Flöckchen zufügen und alles zuerst mit den Knethaken des Handmixers, dann mit den Händen zu einem glatten Teig verkneten. Den Hefeteig bei **Gärstufe 3, Einschubhöhe 1, 30 Minuten** gehen lassen.

Nun den Teig mit den Händen gut durchkneten und auf einer leicht bemehlten Arbeitsfläche zu einem Fladen (etwa 32 cm Ø) ausrollen. Den Boden einer Springform mit Backpapier auslegen, die Ränder mit etwas Butter bestreichen und den Teig hineingeben, dabei die Ränder etwas höher ziehen und fest andrücken. **Nochmals 20 Minuten** bei **Gärstufe 2** auf **Einschubhöhe 1** gehen lassen.

In der Zwischenzeit alle Zutaten für die Füllung in eine große Rührschüssel geben und mit den Quirlen des Handrührgeräts cremig rühren. Die Füllung auf den Hefeteig streichen. Bei **Ober-/Unterhitze 180 °C, Einschubhöhe 2, Dampfintensität gering, 50 Minuten** backen. Weitere 10 Minuten im ausgeschalteten Ofen ruhen lassen.

Den Kuchen auf ein Kuchengitter setzen und in der Form abkühlen lassen. Vorsichtig aus der Form lösen und auf eine Tortenplatte setzen.

Für den Coulis die Heidelbeeren mit dem Vanillezucker und nach Belieben mit 1–2 EL Cassis-Likör mixen. Wer den Coulis ganz fein möchte, der streicht ihn durch ein feines Sieb. Zum Rahm-Quarkkuchen servieren.

Ein Rezept von Christina Richon
Für ca. 14 kleine Küchlein
(je nach Förmchengröße)

100 ml Milch, 80 g Butter
250 g Mehl, 20 g frische Hefe
2 geh. EL Zucker, 2 Prisen Salz
1 Ei, 2 EL Orangenblütenwasser

Lemon-Curd:
1 große Bio-Zitrone (ca. 200 g) oder 2 kleine
180 g Zucker, 2 Eier (Größe M)
100 g Butter, 1 Prise Salz

Garnitur:
Puderzucker zum Bestäuben
125 g gemischte frische Beeren

ORANGENBLÜTEN-GUGELHUPFS
MIT LEMON-CURD
UND FRISCHEN BEEREN

Die Milch in einem Topf bei geringer Hitze erwärmen, die Butter dazugeben und schmelzen lassen. Von der Herdplatte nehmen und etwa handwarm abkühlen lassen. Das Mehl in eine große Rührschüssel sieben, die Hefe darüberkrümeln, Zucker, Salz, Ei und Orangenblütenwasser zusammen mit der abgekühlten Milch-Butter-Mischung dazugeben. Mit den Knethaken des Handmixers zu einem glatten Teig verkneten.

Die Schüssel in den Ofen stellen, **Gärstufe 2** einstellen und auf **Einschubhöhe 1 etwa 20 Minuten** gehen lassen.

Für den Lemon-Curd die Zitrone waschen, trocknen und die Schale fein abreiben. Dabei beachten, dass die weiße Haut nicht mit abgerieben wird. Saft der Zitrone auspressen. Zitronenabrieb und -saft zusammen mit allen übrigen Zutaten in einen Topf geben und auf der Induktionsplatte, Einstellung 4, erhitzen. Mit dem Schneebesen rühren, bis eine cremige Masse entsteht. Dieser Vorgang dauert etwa 20 Minuten.

Mit einem Eisportionierer oder einem Esslöffel Portionen vom Teig abnehmen und in Silikonförmchen füllen. Nochmals bei **Gärstufe 2 etwa 20 Minuten** gehen lassen. Mit den Fingern die Oberfläche des Teigs glatt drücken bzw. angleichen, damit die Küchlein gleichmäßig sind. Bei geschlossener Backofentür und ausgeschaltetem Ofen 10 Minuten ruhen lassen.

Den Ofen auf **180 °C CircoTherm® Heißluft, Dampfintensität hoch,** einstellen. Auf **Einschubhöhe 1** die Küchlein **20–25 Minuten** backen, bis sie goldgelb sind. Aus dem Ofen nehmen, 5–10 Minuten abkühlen lassen, die Küchlein vorsichtig aus den Formen lösen und auf einem Kuchengitter auskühlen lassen.

Mit Puderzucker bestäuben und mit Lemon-Curd und frischen Beeren servieren.

Tipp: Der Lemon-Curd kann in ein sauberes Glas abgefüllt werden. Gut verschlossen hält sich der Aufstrich 10 Tage im Kühlschrank.

Der Teig lässt sich einfach mit einem Eislöffel portionieren.

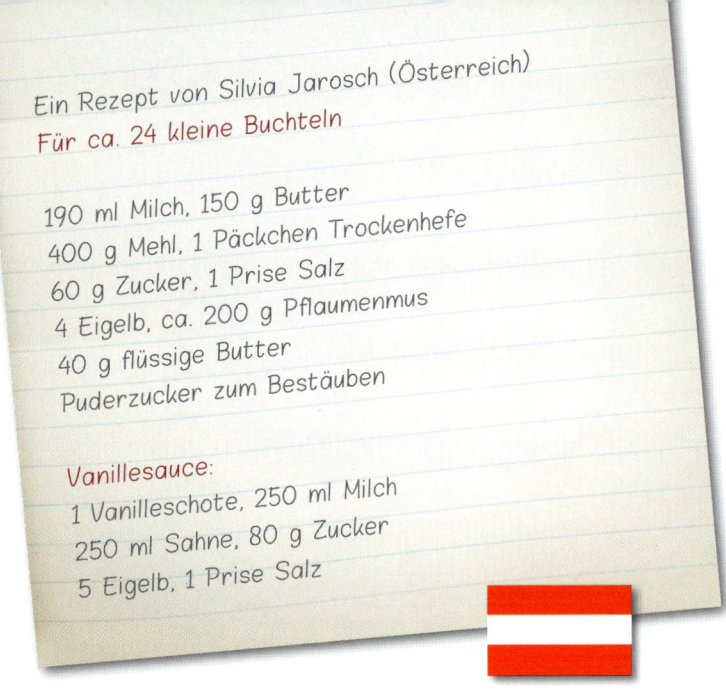

Ein Rezept von Silvia Jarosch (Österreich)

Für ca. 24 kleine Buchteln

190 ml Milch, 150 g Butter
400 g Mehl, 1 Päckchen Trockenhefe
60 g Zucker, 1 Prise Salz
4 Eigelb, ca. 200 g Pflaumenmus
40 g flüssige Butter
Puderzucker zum Bestäuben

Vanillesauce:
1 Vanilleschote, 250 ml Milch
250 ml Sahne, 80 g Zucker
5 Eigelb, 1 Prise Salz

SO WIRD'S EIN GENUSS:

Mus in der Mitte des Teigstücks platzieren, vorsichtig von außen her den Teigling schließen.

Die Buchteln dicht aneinander in die Form setzen.

BUCHTELN
MIT VANILLESAUCE

Für die Buchteln die Milch in einem Topf bei geringer Hitze erwärmen, die Butter dazugeben und schmelzen lassen. Von der Herdplatte nehmen und etwa handwarm abkühlen lassen. Das Mehl in eine große Rührschüssel sieben, die Trockenhefe, Zucker, Salz und die Eigelbe zusammen mit der abgekühlten Milch-Butter-Mischung dazugeben. Mit den Knethaken des Handrührgeräts zu einem glatten Teig verarbeiten.

Die Schüssel in den Ofen stellen, **Gärstufe 2** einstellen und auf **Einschubhöhe 1** etwa **30 Minuten** gehen lassen.

Für die Vanillesauce die Vanilleschote längs halbieren und das Mark mit dem Messer herauskratzen. In einem Topf die Milch mit der Sahne, dem Vanillemark und der Schote aufkochen. 10 Minuten ziehen lassen. Den Zucker mit den Eigelben und dem Salz dazugeben und bei mäßiger Hitze so lange mit dem Schneebesen rühren, bis die Sauce leicht bindet. Abkühlen lassen und die Vanilleschote entfernen.

2 kleine Porzellan-Garschalen (1/3 Gastronorm) mit Butter einstreichen. Den aufgegangenen Teig halbieren, nochmals mit der Hand durchkneten und die zwei Teigportionen jeweils in 12 kleine Stücke teilen. Je ein Teigstück auf die Handfläche legen und etwas flach drücken. 1 TL Pflaumenmus in die Teigmitte setzen, die Buchtel um das Mus herum schließen und in die gefettete Form setzen. Wenn alle Buchteln geformt sind, diese mit flüssiger Butter bepinseln.

Die Garschalen bei **Gärstufe 2, Einschubhöhe 1**, nochmals **30 Minuten** gehen lassen. Dann bei **160 °C Circotherm® Heißluft, Einschubhöhe 1, mit mittlerer Dampfintensität, ca. 30–35 Minuten** backen.

Nach dem Backen die Buchteln mit Puderzucker bestäuben und mit der Vanillesauce servieren.

KLASSISCHE BRIOCHE

Die Butter in einem Topf bei geringer Hitze schmelzen. Handwarm abkühlen lassen. Das Mehl in eine große Rührschüssel sieben, die Hefe darüberkrümeln, Zucker, Salz, Eier und die geschmolzene Butter dazugeben. Mit den Knethaken des Handmixers zu einem glatten Teig verarbeiten. Den Teig in einer verschlossenen Schüssel über Nacht in den Kühlschrank stellen.

Am nächsten Tag den Teig auf einer bemehlten Arbeitsfläche zu einer Kugel formen. Mit einem Teigroller zu einem Rechteck formen, dann zu einem Viertel zusammenlegen und nochmal ausrollen. Nun zu einer Wurst formen und in die eingefettete, bemehlte Form legen.

Gärstufe 2 einstellen und auf **Einschubhöhe 1 mind. 1 Stunde** gehen lassen, bis der Teig in der Form aufgegangen ist. **180 °C CircoTherm® Heißluft** einstellen und auf **Einschubhöhe 1, mit hoher Dampfintensität, ca. 25–35 Minuten** backen. Die Brioche soll goldgelb sein. Aus dem Ofen nehmen, 10 Minuten abkühlen lassen, die Brioche vorsichtig aus der Form lösen und auf einem Kuchengitter auskühlen lassen.

Für die Erdbeerbutter die Erdbeeren waschen, putzen und 100 g in kleine Würfel schneiden. Die restlichen Erdbeeren mit einem Mixstab pürieren. Die weiche Butter mit dem Puderzucker untermixen. Die Erdbeerwürfel unterheben und die Erdbeerbutter zur Brioche servieren.

Ein Rezept von Sylvie Weber (Frankreich)
Für 1 Kastenform von 30 cm

175 g Butter, 500 g Mehl
20 g frische Hefe
100 g Zucker, 1 gestr. TL Salz
4 Eier

etwas Butter und Mehl für die Form

Tipp von Christina Richon:
Schmeckt wunderbar mit Erdbeerbutter!
300 g Erdbeeren, 250 g Butter
etwa 2 EL Puderzucker

LIMETTEN-MUFFINS
MIT WEISSER SCHOKOLADE

Die Eier trennen. Die Eigelbe mit dem Zucker im Wasserbad aufschlagen, bis sich das Volumen verdoppelt hat. Die in kleine Stücke geschnittene Butter zugeben und unterrühren. Die Limette heiß waschen und trocknen. Die Schale fein abreiben und den Saft auspressen. Beides zur Eiermasse dazugeben.

Die Schokolade in 5 mm große Würfel schneiden und ebenfalls unterrühren. Die Eiweiße in einer zweiten Schüssel halb steif schlagen und mit den offenen Handflächen von unten nach oben unter die Eigelbmasse heben, damit die Masse nicht zusammenfällt. Das Mehl mit dem Backpulver darübersieben und kurz unterrühren.

Den Teig in Silikon-Muffinförmchen einfüllen und bei **160 °C CircoTherm® Heißluft, auf Einschubhöhe 1, mit geringer Dampfintensität, ca. 25 Minuten** backen. Aus dem Ofen nehmen und vollständig abkühlen lassen. Erst dann die Muffins vorsichtig aus den Förmchen nehmen. Mit Puderzucker bestäuben.

Ein Rezept von Diego Ferrer (Spanien)
Für 10–12 Muffins

2 Eier
125 g Zucker
125 g Butter
1 Limette
100 g weiße Schokolade
125 g Mehl
1 g Backpulver
20 g Puderzucker

Ein Rezept von Anna Pagliero (Italien)
Für 6 Personen

1 Vanilleschote oder 1 Päckchen
Bourbon-Vanillezucker
5 Eiweiß
400 ml Sahne, 200 ml Milch
80 g Zucker

Himbeer-Coulis:
150 g Himbeeren, 40 g Puderzucker
1 EL Rum

PANNA COTTA MIT HIMBEEREN

Den Backofen auf **100 °C Ober-/Unterhitze** vorheizen. Die Vanille-schote längs halbieren und das Mark mit dem Messer herauskratzen. Die Eiweiße in einem Topf mit der Sahne, der Milch, dem Zucker, dem Vanillemark und der -schote mit einem Schneebesen verrühren. Unter Rühren warm werden lassen, jedoch nicht zu stark erhitzen, sonst gart das Eiweiß und die Creme wird flockig. Die Vanilleschote entfernen, die warme Sahne-Milch in feuerfeste Portionsförmchen (6–8 Stück) ver-teilen und auf ein Backblech stellen.

Auf **Einschubhöhe 2, mit hoher Dampfintensität, 10 Minuten** garen, dann auf **110 °C** hoch schalten und noch etwa **20 Minuten mit hoher Dampfintensität** fertig garen.

In der Zwischenzeit die Himbeeren für den Himbeer-Coulis verlesen, mit Puderzucker und dem Rum fein mixen. Die Himbeermasse durch ein Sieb streichen und kühl stellen.

Die Panna Cotta einige Stunden kalt stellen, danach mit dem Himbeer-Coulis servieren.

Ein Rezept von Christina Richon
Für ca. 12 Stück

Hefeteig:
20 g frische Hefe
3 EL Zucker
100 ml lauwarme Milch
200 g Mehl, 1/4 TL Salz
2 EL Mango-Passionsfruchtsaft
2 Eier, 50 g weiche Butter

Tränke und Garnitur:
600 ml Mango-Passionsfruchtsaft
200 ml Wasser
6 EL Akazienblütenhonig
5 EL Rum
1 Mango
200 ml Schlagsahne

etwas weiche Butter und Mehl für die Form

MANGO-SAVARINS

Die Hefe in eine Tasse geben, mit 1 EL Zucker und 50 ml Milch auflösen und stehen lassen, bis sich Bläschen bilden. Das Mehl mit dem restlichen Zucker und dem Salz in einer Schüssel mischen. Die gelöste Hefe und die restliche Milch mit dem Fruchtsaft zugeben und kurz unterkneten. Die Eier und die Butter zufügen und zu einem glatten Teig verarbeiten.

Den Ofen auf **Gärstufe 2** einstellen und den Teig in der Schüssel **30 Minuten** auf **Einschubhöhe 1** gehen lassen. Den Teig in einen Plastikspritzbeutel füllen. Masse nach unten drücken, oben zudrehen und unten am Beutel eine kleine Spitze abschneiden. Die Förmchen mit Butter ausstreichen und dünn bemehlen. (Silikonförmchen müssen nicht eingefettet werden.) Den Teig in die Förmchen spritzen, sodass sie zu 3/4 gefüllt sind.

Nochmals **30 Minuten bei Gärstufe 2, Einschubhöhe 1**, gehen lassen. Dann bei **160 °C CircoTherm®** auf Einschubhöhe 1, Dampfintensität **mittel, 15–20 Minuten** goldgelb backen. Etwas abkühlen lassen und die Savarins auf ein Kuchengitter setzen.

Zwischenzeitlich für die Tränke den Fruchtsaft, das Wasser und den Honig in einem Topf einige Minuten sprudelnd kochen lassen. Den Sirup etwas abkühlen lassen und den Rum dazugeben. Die Hälfte des Sirups in eine tiefe Platte geben. Die Savarins hineinsetzen, mit dem restlichen Sirup begießen und durchziehen lassen.

Die Mango schälen und in feine Spalten schneiden. Die Schlagsahne steif schlagen. In die Savarins jeweils einen Sahnetupfer setzen und mit den Mangospalten garnieren.

Tipp: Falls Sie keine Ringförmchen haben, können Sie die Savarins auch in Muffinförmchen backen.

GEFÜLLTER SPEKULATIUS

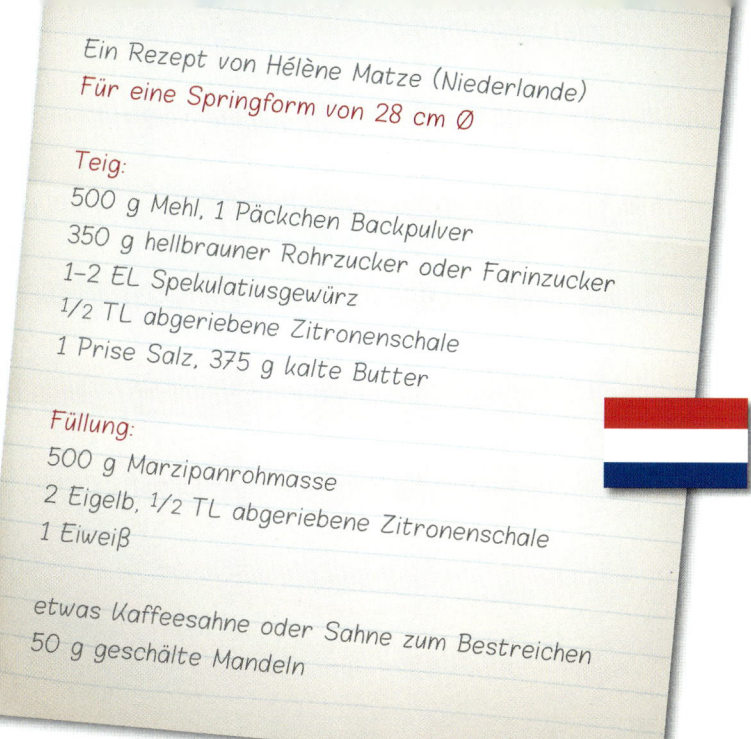

Ein Rezept von Hélène Matze (Niederlande)
Für eine Springform von 28 cm Ø

Teig:
500 g Mehl, 1 Päckchen Backpulver
350 g hellbrauner Rohrzucker oder Farinzucker
1–2 EL Spekulatiusgewürz
1/2 TL abgeriebene Zitronenschale
1 Prise Salz, 375 g kalte Butter

Füllung:
500 g Marzipanrohmasse
2 Eigelb, 1/2 TL abgeriebene Zitronenschale
1 Eiweiß

etwas Kaffeesahne oder Sahne zum Bestreichen
50 g geschälte Mandeln

Alle Zutaten für den Teig in eine große Schüssel geben, dabei die Butter in kleine Würfel schneiden. Alles mit den Händen oder den Knethaken des Handrührgeräts rasch zu einem glatten Teig verarbeiten. Den Teig in einer verschlossenen Plastikschüssel 30 Minuten kalt stellen.

Für die Füllung die Marzipanrohmasse zusammen mit den Eigelben und dem Zitronenschalenabrieb verrühren. Den Boden der Springform mit Backpapier auslegen und den Rand einfetten. Den Backofen auf **160 °C CircoTherm® Heißluft** vorheizen.

Den Teig halbieren und einen Teil auf einer bemehlten Arbeitsfläche etwas größer als den Backformdurchmesser rund ausrollen. Die Form damit auskleiden, die Füllung darauf verteilen und die überstehenden Teigränder nach innen schlagen. Das Eiweiß leicht schlagen und den eingeschlagenen Teig damit bestreichen. Den restlichen Teig in Backformgröße ausrollen und darauflegen. Dabei den Teig mit einer Gabel am Rand etwas andrücken. Die Oberseite mit Sahne bestreichen und mit den Mandeln garnieren.

Auf **Einschubhöhe 1, mit geringer Dampfintensität, 10 Minuten** backen. Dann **ohne Feuchtigkeitszugabe in etwa 30 Minuten** fertig backen. Den Kuchen aus dem Ofen nehmen und auf einem Gitter in der Form auskühlen lassen. Erst dann vorsichtig den Rand lösen, den Spekulatius aus der Form nehmen und in Stücke schneiden.

BLICK IN DIE KÜCHE:

Das beste Zitronenaroma bringt frischer Schalenabrieb von Bio-Zitronen.

Die Marzipanfüllung lässt sich gut mit einem nassen Löffel verteilen.

Ein Rezept von Christina Richon

Für 6 Personen

250 g Cranberries (frisch oder TK)
100 g Zucker
2 Päckchen Bourbon-Vanillezucker
1/2 Zimtstange
1 Tonkabohne (Gewürzhandel oder Apotheke)
3 Eier, 1 Prise Salz
1 1/2 EL Speisestärke
90 g Quark (20 % Fett i. Tr.)

Butter und Zucker für die Förmchen
Puderzucker und/oder Pulver aus gefrier-
getrockneten Beeren zum Bestäuben

CRANBERRY-QUARK-SOUFFLÉ

Die Beeren waschen bzw. auftauen lassen. In einen Topf zusammen mit 30 g Zucker, Vanillezucker, Zimt und 4 EL Wasser geben. Zum Kochen bringen und bei geringer Hitze einige Minuten köcheln lassen, bis die Cranberries weich sind. Mit etwas abgeriebener Tonkabohne würzen. 6 TL Beeren für die Dekoration beiseitelegen. Die Zimtstange entfernen, die Beeren in einem Mixer fein pürieren.

Den Backofen auf **160 °C Ober-/Unterhitze** vorheizen. Die Eier trennen. Die Eiweiße mit 30 g Zucker und 1 Prise Salz fast steif schlagen. Die Eigelbe mit dem restlichen Zucker schaumig rühren, die Stärke darübersieben und zusammen mit dem Quark unter das Beerenpüree rühren. 6 feuerfeste Gläser oder Soufflé-Förmchen mit Butter bestreichen und mit Zucker ausstreuen. Den Eischnee vorsichtig mit einem Spatel unter die Beerenmasse heben und diese in die Förmchen füllen.

Die Förmchen auf ein Backblech stellen und auf **Einschubhöhe 2 mit hoher Dampfintensität 15–20 Minuten** backen. Die Soufflés herausnehmen und mit Puderzucker und/oder Beerenpulver bestäuben. Mit je 1 TL Beeren garnieren und sofort servieren.

Ein Rezept von Silvia Jarosch
(Österreich)
Für 1 Springform von 28–30 cm Ø

250 g weiche Butter
150 g Zucker
200 g Marzipanrohmasse
250 g Vanillejoghurt
1 Prise Salz
5 Eier (Größe M)
370 g Mehl
1 Päckchen Backpulver
etwa 1 kg Obst der Saison

MARZIPAN-OBSTKUCHEN

Die Butter und den Zucker mit den Quirlen des Handrührgeräts hellcremig rühren, bis sich der Zucker ganz aufgelöst hat. Das Marzipan klein würfeln und zusammen mit dem Vanillejoghurt sowie dem Salz unter die Buttermasse rühren. Die Eier nach und nach unterrühren. Das Mehl mit dem Backpulver darübersieben und zügig unterarbeiten.

Den Backofen auf **160 °C CircoTherm® Heißluft** vorheizen. Das Obst waschen und je nach Sorte entkernen oder schälen. Den Teig in eine mit Backpapier ausgelegte Springform einfüllen. Die Früchte kurz in Mehl tauchen, damit sie nicht versinken und auf den Teig legen.

Den Kuchen auf **Einschubhöhe 1, mit geringer Dampfintensität**, ca. 50–60 Minuten backen. Die Form aus dem Ofen nehmen, auf ein Gitter stellen und 10 Minuten abkühlen lassen. Den Kuchen vorsichtig aus der Form lösen und auf dem Gitter auskühlen lassen.

HERZHAFTES:
BROT
UND ANDERE
BÄCKEREIEN

WÜRZIGES ROGGEN-SAUERTEIGBROT

Perfekt gegangen! Mit der Gärstufe im Backofen mit VarioSteam®.

Für die Sauerteigvermehrung bereits am Vortag den Sauerteig mit dem Roggenmehl und dem lauwarmen Wasser in eine Schüssel geben, umrühren und abdecken. 24 Stunden an einem warmen Ort stehen lassen.

Am nächsten Tag von der Sauerteigmasse 50 g abnehmen für ein späteres Brot. Der Sauerteig hält sich in einem verschlossenen Gläschen im Kühlschrank ohne Probleme bis zu 2 Wochen. Die übrige Sauerteigmasse in eine Rührschüssel geben. Das Roggen- und Weizenmehl, die Gewürze, die zerbröckelte Hefe und den Honig mit dem Wasser unterkneten. So lange kneten, bis ein glatter Teig entstanden ist.

Die Schüssel in den Backofen stellen, **Einschubhöhe 1, Gärstufe 3, und 20 Minuten** gären lassen. Herausnehmen und das Salz unterkneten. Den Teig zu einem Brot formen, auf ein leicht bemehltes Backblech legen und nochmals **30 Minuten bei Gärstufe 3, Einschubhöhe 1,** gehen lassen. Das Backblech herausnehmen, das Brot mit einem Geschirrtuch abdecken und an einem warmen Ort stehen lassen.

Den Brotbackstein in **Einschubhöhe 1** einlegen. Auf **Pizzastufe 230 °C 30 Minuten** vorheizen. Das Brot auf den heißen Stein legen und **30 Minuten bei 220 °C Brotbackstufe, Dampfintensität hoch,** backen. Dann den Backofen ausschalten und das Brot noch **20–30 Minuten** im Ofen nachgaren lassen. Der aufgeheizte Backstein speichert lange die Temperatur. Das Brot aus dem Ofen nehmen und auf einem Kuchengitter abkühlen lassen.

Variante Walnussbrot: Nach dem Gärvorgang mit Salz 150 g Walnusshälften unterkneten.

Ein Rezept von Christina Richon

Sauerteigvermehrung:
50 g Sauerteig (vom Bäcker oder Fertigsauerteig)
375 g Roggenmehl (Type 1150)
375 ml lauwarmes Wasser

Brotteig:
350 g Roggenmehl (Tpye 1150)
300 g Weizenmehl (Type 405 oder 550)
2 TL Brotgewürz (Kümmel, Koriander, Fenchel, gemörsert)

20 g frische Hefe

1 EL Honig
300 ml lauwarmes Wasser
20 g Salz

Ein Rezept von Christina Richon

310 g Weißmehl (Type 550)
70 g Roggenmehl (Type 1150)
70 g Polentagrieß
2 1/2 TL getrockneter Sauerteigextrakt (10 g)
1 TL getrocknete Hefe (4 g)
1 TL Zucker, ca. 270 ml Wasser
1 EL Olivenöl, 1 TL Zitronensaft
etwa 1 1/2 TL Salz (10 g)

etwas Roggenmehl zum Ausrollen und Bestäuben

Espressobutter:
100 g weiche Butter
3 EL starker, kalter Espresso
einige Tropfen Worchester- und Tabasco-Sauce
1 Prise gemahlener Kardamom
1 Prise frisch geriebene Muskatnuss
1 Prise Zimtpulver
schwarzer Pfeffer aus der Mühle
Kräutersalz

POLENTA-
KRUSTENBROT
MIT ESPRESSOBUTTER

AUS DER BACKSTUBE:

Leicht eingedreht bricht die Kruste
beim Backen wunderbar auf.

Alle Teigzutaten in eine Rührschüssel geben und zu einem weichen glatten Teig verkneten. Den Teig zu einem Rechteck von 20 x 30 cm formen, in eine mit Öl ausgestrichene Form legen und mit Klarsichtfolie abdecken. Im Kühlschrank 12 Stunden ruhen lassen. Danach im Ofen auf **Gärstufe 3, Einschubhöhe 1, ca. 1 Stunde** gären lassen. Das Teigvolumen sollte sich verdoppeln.

Den Teig auf eine mit Roggenmehl bemehlte Arbeitsfläche stürzen, die Oberfläche mit Mehl bestäuben und das Teigstück 3-mal um die Längsachse drehen. Auf ein mit Backpapier ausgelegtes Backblech legen. Bei **Pizzastufe 230 °C, Einschubhöhe 1, Dampfstufe hoch, 10 Minuten** backen. Dann auf **200 °C** herunterschalten und in **20–25 Minuten** fertig backen. Herausnehmen und auf einem Kuchengitter auskühlen lassen.

Für die Espressobutter die Butter schaumig rühren, alle weiteren Zutaten unterrühren und mit Pfeffer und Kräutersalz abschmecken.

Tipp: Das Früchtebrot passt wunderbar zu Käse.

FRÜCHTEBROT

Die Mehlsorten in einer Schüssel mischen und in der Mitte eine Vertiefung eindrücken. Die zerbröselte Hefe und 100 ml lauwarmes Wasser dazugeben und mit etwas Mehl vom Rand zu einem weichen Vorteig verrühren. Den Vorteig etwa 20 Minuten gehen lassen.

Das Salz auf dem Mehlrand verteilen und alles zu einem glatten geschmeidigen Teig verkneten, das restliche Wasser dazugeben. Durchkneten, bis sich der Teig vom Schüsselrand löst.

Den Teig in der Schüssel bei **Gärstufe 3, Einschubhöhe 1, 20 Minuten** gehen lassen. Herausnehmen und das gemischte Trockenobst, Mandeln, Haselnüsse und Gewürze hinzufügen und unterkneten. Den Teig in eine gebutterte und mit Sesam ausgestreute Kastenform geben. Nochmals **40 Minuten bei Gärstufe 3** gehen lassen.

Das Früchtebrot bei **Brotbackstufe 200 °C, Einschubhöhe 1, Dampfintensität hoch, 20 Minuten** backen. Dann auf **180 °C, Dampfintensität mittel**, herunterschalten und in **15–20 Minuten** fertig backen. Das Brot aus dem Ofen nehmen und auf einem Gitter auskühlen lassen.

Ein Rezept von Christina Richon

300 g Weizenmehl (Type 405)
100 g Dinkel-Vollkornmehl
100 g Roggenmehl (Type 1150)
20 g frische Hefe
etwa 300 ml lauwarmes Wasser
1 1/2 TL Salz
300 g gemischtes Trockenobst (z. B. Pflaumen, Datteln, Feigen, Aprikosen, Äpfel, Rosinen)
50 g Mandeln
50 g Haselnüsse
2 Msp. Muskatblüte
1/4–1/2 TL Zimt

etwas weiche Butter und Sesam für die Backform

Ein Rezept von Christina Richon

Für 1 Backblech

Hefeteig:

500 g Mehl (Type 405)
1 TL Salz (10 g)
20 g frische Hefe
350 ml lauwarmes Wasser
2 EL Olivenöl
60 g gehackte Walnüsse
2 Zweige frischer Rosmarin, Nadeln gehackt

etwas Olivenöl zum Beträufeln

Die Löcher im Teig halten das Olivenöl dort, wo es gebraucht wird: an der Oberfläche der Foccacia

ROSMARIN-WALNUSS-FOCACCIA

Mehl und Salz in einer Schüssel mischen. Die zerbröselte Hefe, das Wasser und Olivenöl beigeben, mischen und zu einem weichen glatten Teig kneten. Die Walnüsse und den Rosmarin dazugeben, nochmals durchkneten. Den Teig **40 Minuten auf Gärstufe 2** gehen lassen.

Nun den Teig auf wenig Mehl rechteckig ca. 2 cm dick ausrollen und auf ein mit Backpapier belegtes Blech legen. Auf der Oberfläche mit den Fingern Löcher eindrücken. Den Teig mit Olivenöl beträufeln und weitere **20 Minuten auf Gärstufe 2** gehen lassen. Die Focaccia bei **Brotbackstufe 200 °C, auf Einschubhöhe 1, 15 Minuten** mit **Dampfintensität hoch**, backen. Dann **10–15 Minuten ohne Dampf** goldgelb fertig backen.

VOLLKORN-FLADEN MIT BOCKSHORN-KLEEBUTTER

Ein Rezept von Christina Richon
Für ca. 20 Fladen

250 g Weizenkörner, 50 g Hirse, 50 g Gerste
350 ml Mineralwasser mit viel Kohlensäure
3 TL gemischte, gemörserte Gewürze
(Koriander, Fenchel, Kümmel, Kreuzkümmel)
knapp 1 TL Salz, 3 EL Olivenöl, 1 TL Trockenhefe
etwa 3 EL gemischte Körner und Samen
(z. B. Sonnenblumen-, Kürbiskerne, Sesamsamen)
und/oder Röstzwiebeln

Bockshornkleebutter:
200 g weiche Butter
1/2–1 TL gemahlener Bockshornklee
1 EL gehackte, glatte Petersilie
1/2 EL gehacktes Koriandergrün
1 Prise Zimt, Kräutersalz

Den Weizen, die Hirse und Gerste in einer Getreidemühle fein schroten. Das Mehl in eine Schüssel geben und mit dem Mineralwasser vermengen, abgedeckt 12 Stunden quellen lassen. Danach die Gewürze, Salz, Olivenöl und die Trockenhefe dazugeben und zu einem Teig verarbeiten.

Bei **Gärstufe 2, Einschubhöhe 1, 1 Stunde** gehen lassen. Ein Backblech mit Backpapier auslegen und kleine Fladen aus jeweils 1 EL Teig auf das Blech setzen. Mit Körnern, Samen oder Zwiebeln bestreuen.

Bei **Brotbackstufe 200 °C, Einschubhöhe 1, Dampfintensität mittel, 15 Minuten** backen. **Ohne Dampf** in **5 Minuten** fertig backen. Die Fladen auf einem Kuchengitter auskühlen lassen.

Für die Bockshornkleebutter die Butter schaumig rühren und die Gewürze mit den gehackten Kräutern unterrühren, mit Kräutersalz abschmecken.

Ein Rezept von Christina Richon
Für 1 Tarteform von 30 cm Ø

Hefeteig:

200 g Mehl
1/4 Würfel frische Hefe (ca. 10 g)
1 Prise Zucker
ca. 100 ml lauwarmes Wasser
2 EL Olivenöl, 2 Prisen Salz

Belag:

1 Knoblauchzehe
1 kleine grüne Chilischote
1 Bio-Zitrone
200 g Crème-fraîche
Salz, schwarzer Pfeffer aus der Mühle
1/2 Bund Basilikum
100 g luftgetrockneter Südtiroler Speck oder
Serrano-Schinken

1 EL Olivenöl für die Form

ZITRONEN-BASILIKUM-
FLADEN

Das Mehl in eine Schüssel sieben und in die Mitte eine Mulde drücken. Die Hefe hineinbröckeln. Die Hefe mit 1 Prise Zucker und 50 ml lauwarmem Wasser verrühren. Diesen Vorteig stehen lassen, bis sich Bläschen bilden (ca. 15 Minuten). Nach der Ruhezeit den Vorteig mit Olivenöl, Salz und dem restlichen Wasser (50 ml) verkneten.

Gärstufe 3 im Backofen einstellen und auf **Einschubhöhe 1** den Teig in der Schüssel **30 Minuten** gehen lassen. Dann den Teig auf wenig Mehl zu einem Kreis ausrollen (ca. 32 cm Ø). Die Tarteform mit 1 EL Olivenöl auspinseln und den Teig hineinlegen. Auf **Gärstufe 2** nochmals **30 Minuten** gehen lassen.

Für den Belag den Knoblauch schälen und klein schneiden. Die Chili waschen, putzen, längs aufschlitzen, entkernen und klein schneiden. Die Zitrone heiß waschen, abtrocknen und die Schale abreiben.

Den Ofen auf **200 °C Ober-/Unterhitze** vorheizen. Die Crème fraîche mit dem Knoblauch, der Chili und der Zitronenschale verrühren. Mit wenig Salz und Pfeffer abschmecken. Die Creme auf den Teig streichen. Das Basilikum waschen und trocken schütteln, die Blätter abzupfen, einige für die Dekoration beiseitelegen, die restlichen Basilikumblätter klein schneiden und unter die Creme rühren. Die Zitrone komplett schälen, in feine Scheiben schneiden und auf dem Fladen verteilen.

Auf **Einschubhöhe 2**, mit Dampfintensität hoch, ca. **25 Minuten** backen. Mit dem Speck und den übrigen Basilikumblättern belegen. Mit grob gemahlenem Pfeffer würzen.

BLICK IN DIE KÜCHE:

Raffinierter Belag aus Crème-fraîche, Knoblauch, Chili und Zitrone.

Die fein geschnittenen Zitronenscheiben geben dem Belag Feuchtigkeit und Frische.

Ein Rezept vom Neff Team Griechenland
Für 1 Backform von ca. 35 cm Ø

Hefeteig:
300 g Weizenvollkornmehl, 15 g frische Hefe
235 ml lauwarmes Wasser, 1 Schuss Ouzo

Sauce:
2 reife Tomaten, 2 Knoblauchzehen
1–2 EL Olivenöl

Belag:
200 g geputzte, gewürfelte Artischocken
(frisch, eingelegt oder TK)
10 Champignons, 1–2 Kugeln Mozzarella
Salz, schwarzer Pfeffer aus der Mühle
getrocknete Chiliflocken

VOLLKORNPIZZA MIT ARTISCHOCKEN

Für den Hefeteig das Mehl in eine Schüssel sieben und in die Mitte eine Mulde eindrücken. Die zerbröselte Hefe mit dem Wasser und dem Ouzo in die Mulde geben und alle Zutaten zu einem Teig verarbeiten.

Die Schüssel in den Ofen stellen, **Gärstufe 3** einstellen und den Teig auf **Einschubhöhe 1** etwa **20 Minuten** gehen lassen.

Für die Sauce die Tomaten mit einer Reibe raffeln. Den Knoblauch schälen, den Keim entfernen, fein hacken und in Olivenöl anschwitzen. Die Tomaten dazugeben und 15 Minuten bei geringer Hitze köcheln lassen.

Die Backform mit Olivenöl auspinseln. Den Teig auf einer bemehlten Arbeitsfläche ausrollen und in die Form legen. Die Tomatensauce darauf verstreichen. Die Pizza mit Artischockenwürfeln, Pilz- und Mozzarellascheiben belegen. Mit Salz, Pfeffer und Chiliflocken würzen.

Die Pizza nochmals bei Gärstufe 2, auf Einschubhöhe 1, 10 Minuten gehen lassen. Bei **160 °C CircoTherm® Heißluft**, mit **geringer Dampfintensität**, die Pizza in etwa **25 Minuten** backen.

PIKANTE
MUFFINS MIT
BLAUSCHIMMELKÄSE

Die Butter in einem kleinen Topf schmelzen, abkühlen lassen. Die Zwiebel schälen, fein würfeln und die Würfel in Öl in einer Pfanne dünsten, bis sie weich sind. Abkühlen lassen.

Das Mehl mit dem Backpulver in eine Schüssel sieben. Die geschmolzene Butter, die Eier und die Milch dazugeben und mit den Rührbesen des Handrührgeräts kurz zu einem glatten Teig verrühren. Den Käse in kleine Würfel schneiden und zusammen mit den Zwiebeln mit einem Teigspatel unter den Teig mengen. Mit Salz und Pfeffer würzen.

Die Papierförmchen in die Muffinmulden setzen und den Teig einfüllen. Bei **180 °C CircoTherm® Heißluft, Einschubhöhe 1, mit mittlerer Dampfintensität, etwa 20 Minuten** backen. Das Blech aus dem Ofen nehmen und 10 Minuten auf einem Kuchengitter abkühlen lassen. Die Muffins aus den Förmchen lösen und auf das Gitter stellen. Die Muffins schmecken warm und kalt.

*Ein Rezept von Lynn Williams
(Großbritannien)*
Für ca. 8 Stück

85 g Butter
1 kleine rote Zwiebel
1 EL Öl, 275 g Mehl
1 TL Backpulver
2 Eier, 150 ml Milch
110 g Blauschimmelkäse, z. B. Stilton
Salz, schwarzer Pfeffer aus der Mühle

Papierförmchen für das Muffinblech

Mit Papiermanschetten sind die Muffins nach dem Backen problemlos aus der Form zu lösen.

103

Ein Rezept von Lynn Williams
(Großbritannien)
Für 1 Tarte

1 Packung fertig ausgerollter Blätterteig
2–3 EL grünes Pesto
8–10 in Öl eingelegte, getrocknete Tomaten
100 g Chorizo-Wurst, in Scheiben geschnitten
1–2 Kugeln Mozzarella, in Scheiben geschnitten

CHORIZO-
TARTE

Den Backofen auf **200° CircoTherm®-Heiß-luft** vorheizen.

Ein Backblech mit Backpapier auslegen und den ausgerollten Blätterteig darauflegen. Das Pesto dünn auf den Teigboden streichen und mit den getrockneten Tomaten, den Chorizo- und Mozzarellascheiben belegen.

Auf **Einschubhöhe 1**, mit geringer Dampf-intensität, **20–25 Minuten** goldgelb und knusprig backen. In Stücke schneiden und heiß servieren.

TIPPS
UND FAKTEN

rund um den Neff Backofen mit **VarioSteam**®

Vier kleine Argumente
für einen großen Unterschied
Die Wirkung der gezielten Feuchtigkeitszugabe
zeigt sich an vier Punkten. VarioSteam® schenkt
nämlich den Speisen
• eine knusprige Kruste
• eine glänzende Oberfläche
• eine saftige und zarte Struktur im Inneren
• und die Erhaltung ihres natürlichen Volumens
  (kein Verlust von Wasser).

Es sind genau diese vier Merkmale, die den
Unterschied ausmachen zwischen »gelungen« und
»hervorragend«.

PERFEKTE ZUBEREITUNG MIT
VARIOSTEAM®

Eigentlich ist der Backofen mit VarioSteam® so einfach zu bedienen, dass man ihn getrost in Betrieb nehmen und seine eigenen Experimente damit machen kann. Doch mit ein paar Erfahrungen und Tipps lässt sich dieser Prozess noch optimieren. Deshalb haben wir gemeinsam mit Christina Richon das Wichtigste rund um den VarioSteam® in Kurzform zusammengefasst.

VarioSteam® versus Dampfgarer: Wo liegt der Unterschied?

Zwischen beiden Funktionsprinzipien gibt es einen wesentlichen Unterschied: Beim Dampfgarer wird im Garraum permanent Wasserdampf erzeugt – in diesem Dampf gart das Gericht, aromaschonend und sanft. Beim VarioSteam® hingegen wird nur punktuell und bei Bedarf Dampf in den Garraum geleitet. Neff nennt das deshalb auch »Feuchtigkeitszugabe« oder »Dampfunterstützung«. Gegart wird dabei nämlich mit Neff CircoTherm®, der bewährten Heißlufttechnik, oder einer anderen »klassischen« Betriebsart. Deshalb bekommen Speisen im VarioSteam® eine knusprige, gebräunte Oberfläche, während sie gleichzeitig im Inneren durch die zusätzliche Feuchtigkeit saftig und zart oder – bei Backwaren – weich und krumig bleiben.

Wie viel Dampf für was?

Die optimale Feuchtigkeitsmenge variiert nicht nur von Lebensmittel zu Lebensmittel, sondern hängt auch von den persönlichen Vorlieben ab. Aber ein paar Anhaltspunkte gibt es.

Gerichte, die schon bei geringer Dampfintensität zur Bestform auflaufen, sind etwa:

- Biskuitteig
- Brandteig
- Blätterteig
- Obstboden und Rührteig
- Kleingebäck wie Muffin & Co.

Eine mittlere Feuchtigkeitszugabe ist zum Beispiel zu empfehlen bei:

- Hefeteig
- Fladenbrot
- Flammkuchen und Auflauf
- Geflügel
- Kasseler
- Braten ohne Kruste

Mit viel Feuchtigkeit gelingen unter anderem perfekt:

- Brotteig
- Brötchen
- Apfeltarte und -strudel
- Braten mit Kruste
- Schweinshaxe
- ganzes Hähnchen
- Fisch und Fischgerichte
- Kartoffelgratin

Christina's Extra-Tipp

Bei manchen Gerichten lohnt es sich, die Dampfintensität während des Garens zu variieren. Schweinebraten zum Beispiel gelingt einmalig saftig und knusprig, wenn man ihn anfangs eine gute halbe Stunde bei einer Temperatur von nur 100 °C und viel Feuchtigkeit sozusagen »schmoren« lässt, dann für 60 bis 75 Minuten auf 170 °C hochschaltet und zum Schluss noch mit dem Thermogrill in 20 Minuten eine perfekte Kruste zaubert – ohne weitere Dampfunterstützung.

Einfach mal ausprobieren!

Einmaleins der Heizarten

VarioSteam® lässt sich nicht mit allen, aber mit den meisten Betriebsarten kombinieren. Das sind:

- CircoTherm® Heißluft
- Ober-Unterhitze
- Pizzastufe
- Brotbackstufe
- Thermogrill

VARIOSTEAM®
DIE BEDIENUNG IST GANZ EINFACH.

Einfach den in die Bedienblende mit komfortablem SoftEject Mechanismus integrierten Wassertank antippen, herausziehen, anschließend bis zur Markierung »max« mit Wasser befüllen und dann den Wassertank wieder ganz einschieben. Per Tastendruck auf der Bedienblende wählen Sie nun die Intensität der Feuchtigkeitszugabe für den Gar- und Backprozess.

Nach jedem Betrieb mit VarioSteam® wird das übrig gebliebene Wasser aus dem Kreislauf in den Wassertank zurückgepumpt und kann nun vollständig entleert werden.

Das Herzstück des Backofens mit VarioSteam® ist das innovative Zwei-Pumpen-Wassersystem von Neff. Mittels einer Pumpe wird Frischwasser, das in einem Durchlauferhitzer erhitzt wird, in Form von Dampf in das Backrohr abgegeben. Die Intensität der Zugabe von Dampf kann in drei Stufen eingestellt werden.

Nach Ende des Garprozesses wird der Betriebsartenwähler auf Stellung 0 zurückgedreht und versenkt. Das Restwasser im Verdampfersystem wird dann automatisch in den Wassertank zurückgepumpt. So verbleibt kein Wasser in den Leitungen und Wasserreste können nicht „altern". Der große Vorteil: Es ist immer frisches Wasser in den Systemen, das ist sehr hygienisch.

Nach dem Abpumpen des Restwassers muss nur noch der Wassertank geleert, gespült und getrocknet werden.

VON A–Z:
ALLE REZEPTE
IN DER ÜBERSICHT

IMPRESSUM

Verlag und Autoren danken der Firma Neff für die Unterstützung bei der Entstehung dieses Buches.

Der Firma ASA vielen Dank für ihre freundliche Unterstützung mit Geschirr für die Fotorequisite.

© 2012
AT Verlag, Aarau und München
© der Rezepte: Christina Richon und die jeweils beim Rezept genannten Köchinnen und Köche

Konzept und Koordination: Magdalena Lobisch
Konzept und Beratung: Uta Rodenhäuser
Texte: Dr. Marion Schweiker
Fotos: Alexander Walter
Foodstyling: Sven Dittmann
Umschlaggestaltung und Layout: Bernd Kapfer
Lektorat: Asta Machat
Druck und Bindearbeiten: Offizin Andersen Nexö, Leipzig

Printed in Germany

ISBN 978-3-03800-738-8

www.at-verlag.ch